RECETTES ANTI-INFLAMMATOIRES
2022

RECETTES POUR DIMINUER L'INFLAMMATION ET

POUR VOTRE SANTÉ

KATE DUBOIS

Table des matières

Bols à tacos aux boulettes de viande : 17

Les directions: 18

Zoodles au pesto d'avocat avec des portions de saumon : 4 20

Ingrédients: 20

Les directions: 20

Patates douces au curcuma, pomme et oignon avec poulet 22

Ingrédients: 22

Portions de steak de saumon aux herbes poêlées : 4 24

Ingrédients: 24

Les directions: 24

Portions de tofu et de légumes d'été à l'italienne : 4 26

Ingrédients: 26

Les directions: 26

Salade de fraises et fromage de chèvre Ingrédients 28

Les directions: 28

Portions de ragoût de chou-fleur et de morue au curcuma : 4 30

Ingrédients: 30

Les directions: 31

Portions de délices aux noix et aux asperges : 4 32

Ingrédients: 32

Les directions: 32

Ingrédients des pâtes aux courgettes Alfredo : 33

Les directions: 33

Ingrédients de poulet au quinoa et à la dinde : 35

Les directions: 36

Portions de nouilles à l'ail et à la courge : 4 38

Ingrédients: 38

Les directions: 39

Truite à la vapeur avec haricots rouges et salsa au chili Portion: 1 40

Ingrédients: 40

Les directions: 41

Portions de soupe aux patates douces et à la dinde : 4 42

Ingrédients: 42

Les directions: 43

Portions de saumon grillé au miso : 2 44

Ingrédients: 44

Les directions: 44

Portions de filet feuilleté simplement sauté : 6 46

Ingrédients: 46

Les directions: 46

Chaudrée De Poisson Blanc Aux Légumes 48

Portions : 6 à 8 48

Ingrédients: 48

Les directions: 48

Portions de moules au citron : 4 50

Ingrédients: 50

Les directions: 50

Portions de saumon à la lime et au chili : 2 51

Ingrédients: 51

Les directions: 51

Portions de pâtes au thon au fromage : 3-4 52

Ingrédients:	52
Les directions:	52
Portions de lanières de poisson en croûte de noix de coco : 4	54
Ingrédients:	54
Les directions:	55
Portions de poisson mexicain : 2	56
Ingrédients:	56
Les directions:	56
Truite avec salsa de concombre Portions : 4	58
Ingrédients:	58
Zoodles au citron avec des portions de crevettes : 4	60
Ingrédients:	60
Les directions:	61
Portions de crevettes croustillantes : 4	62
Ingrédients:	62
Les directions:	62
Portions de bar grillé : 2	63
Ingrédients:	63
Les directions:	63
Portions de galettes de saumon : 4	64
Ingrédients:	64
Les directions:	64
Portions de morue épicée : 4	65
Ingrédients:	65
Les directions:	65
Portions de tartinade à la truite fumée : 2	66
Ingrédients:	66

Les directions:	66
Portions de thon et d'échalotes : 4	68
Ingrédients:	68
Les directions:	68
Portions de crevettes au citron et au poivre : 2	69
Ingrédients:	69
Les directions:	69
Portions de steak de thon chaud : 6	70
Ingrédients:	70
Les directions:	70
Portions de saumon cajun : 2	72
Ingrédients:	72
Les directions:	72
Bol de saumon au quinoa et légumes	73
Portions : 4	73
Ingrédients:	73
Portions de poisson pané : 4	75
Ingrédients:	75
Les directions:	75
Portions de galettes de saumon simples : 4	76
Ingrédients:	76
Les directions:	77
Portions de crevettes au maïs soufflé : 4	78
Ingrédients:	78
Les directions:	79
Portions de poisson au four épicé : 5	80
Ingrédients:	80

Les directions:..80

Portions de thon paprika : 4 81

Ingrédients:..81

Les directions:..81

Portions de galettes de poisson : 2 82

Ingrédients:..82

Les directions:..82

Pétoncles poêlés au miel Portions : 4 83

Ingrédients:..83

Les directions:..83

Filets de morue aux champignons shiitake Portions : 4 85

Ingrédients:..85

Les directions:..85

Portions de bar blanc grillé : 2 87

Ingrédients:..87

Les directions:..87

Portions de merlu aux tomates au four : 4-5 89

Ingrédients:..89

Les directions:..89

Aiglefin poêlé avec betteraves Portions : 4 91

Ingrédients:..91

Portions de fondant de thon sincère : 4 93

Ingrédients:..93

Les directions:..93

Saumon au citron avec citron vert kaffir Portions : 8 95

Ingrédients:..95

Les directions:..95

Tendres Saumon Sauce Moutarde Portions : 2 97

Ingrédients: 97

Les directions: 98

Portions de salade de crabe : 4 99

Ingrédients: 99

Les directions: 99

Saumon au four avec sauce miso Portions : 4 100

Ingrédients: 100

Les directions: 100

Morue au four enrobée d'herbes et miel Portions : 2 102

Ingrédients: 102

Les directions: 102

Portions de mélange de morue au parmesan : 4 104

Ingrédients: 104

Les directions: 104

Portions de crevettes croustillantes à l'ail : 4 105

Ingrédients: 105

Les directions: 105

Portions de mélange de bar crémeux : 4 106

Ingrédients: 106

Les directions: 106

Portions de concombre Ahi Poke: 4 107

Ingrédients: 107

Portions de mélange de morue à la menthe : 4 109

Ingrédients: 109

Les directions: 109

Portions de tilapia citronné et crémeux : 4 111

Ingrédients:..111

Les directions:...111

Portions de tacos au poisson : 4...113

Ingrédients:..113

Les directions:...114

Portions de mélange de bar au gingembre : 4 115

Ingrédients:..115

Les directions:...115

Portions de crevettes à la noix de coco : 4 116

Ingrédients:..116

Portions de porc à la courge à la muscade : 4 118

Ingrédients:..118

Les directions:...118

Portions de biscuits farcis pour le petit-déjeuner : 10 120

Ingrédients:..120

Les directions:...120

Portions de patates douces farcies aux œufs : 1 122

Ingrédients:..122

Les directions:...122

Portions d'avoine pendant la nuit sans cuisson : 1 124

Ingrédients:..124

Les directions:...124

Portions de bols crémeux de patates douces : 2..126

Ingrédients:..126

Les directions:...126

Portions de chocolat au curcuma : 2 128

Ingrédients:..128

Les directions: 128

Portions d'œufs énergétiques rapides et épicés : 1 129

Ingrédients: 129

Les directions: 129

Portions de soufflés au cheddar et à la ciboulette : 8 131

Ingrédients: 131

Les directions: 132

Crêpes de sarrasin au lait d'amande vanille Portions : 1 133

Ingrédients: 133

Les directions: 133

Portions de coquetiers aux épinards et à la féta : 3 135

Ingrédients: 135

Les directions: 135

Portions de Frittata pour le petit-déjeuner : 2 137

Ingrédients: 137

Les directions: 137

Portions de bols de burrito au poulet et au quinoa : 6 138

Ingrédients: 138

Les directions: 139

Avo Toast Avec Oeuf Portions: 3 140

Ingrédients: 140

Les directions: 140

Portions d'avoine aux amandes : 2 141

Ingrédients: 141

Les directions: 141

Portions de crêpes choco-nana : 2 142

Ingrédients: 142

Les directions:..142

Portions de barres d'avoine aux patates douces : 6...............................144

Ingrédients:...144

Les directions:..145

Portions de pommes de terre rissolées faciles : 3................................147

Ingrédients:...147

Les directions:..147

Portions de frittata aux champignons et aux asperges : 1.....................149

Ingrédients:...149

Les directions:..149

Portions de casserole de pain doré à la mijoteuse : 9...........................151

Ingrédients:...151

Les directions:..152

Portions de dinde au thym et à la sauge : 4...153

Ingrédients:...153

Les directions:..153

Portions de smoothie aux cerises et aux épinards : 1...........................155

Ingrédients:...155

Les directions:..155

Portions de pommes de terre à déjeuner : 2..157

Ingrédients:...157

Les directions:..157

Portions de flocons d'avoine instantanés à la banane : 1.....................158

Ingrédients:...158

Les directions:..158

Portions de smoothie au beurre d'amande et à la banane : 1..............159

Ingrédients:...159

Les directions: 159

Portions de barres énergétiques au chocolat et au chia sans cuisson : 14 160

Ingrédients: 160

Les directions: 160

Portions de bol de petit-déjeuner aux graines de lin fruitées : 1 162

Ingrédients: 162

Les directions: 163

Gruau pour le petit-déjeuner dans la mijoteuse Portions : 8 164

Ingrédients: 164

Les directions: 164

Portions de pain Pumpernickel : 12 166

Ingrédients: 166

Les directions: 167

Portions de pouding au chia à la noix de coco et à la framboise : 4 169

Ingrédients: 169

Les directions: 169

Portions de salade de petit-déjeuner le week-end : 4 170

Ingrédients: 170

Les directions: 171

Délicieux riz végétarien au fromage avec brocoli et chou-fleur 172

Ingrédients: 172

Les directions: 173

Portions de toasts méditerranéens : 2 174

Ingrédients: 174

Les directions: 174

Portions de salade de petit-déjeuner aux patates douces : 2 176

Ingrédients:...176

Les directions:...176

Portions de tasses brunes au hachis de faux petit-déjeuner : 8 177

Ingrédients:..177

Les directions:..177

Portions d'omelette aux épinards et aux champignons : 2 179

Ingrédients:..179

Les directions:..179

Wraps de laitue avec poulet et légumes Portions : 2 182

Ingrédients:..182

Les directions:..183

Portions de bol de banane crémeuse à la cannelle : 1 184

Ingrédients:..184

Bonnes céréales aux canneberges et à la cannelle Portions : 2 185

Ingrédients:..185

Les directions:..185

Portions d'omelette du petit déjeuner : 2 187

Ingrédients:..187

Les directions:..188

Portions de pain sandwich au blé entier : 12 189

Ingrédients:..189

Les directions:..189

Gyros au poulet effiloché 192

Ingrédients:..192

Les directions:..193

Portions de soupe aux patates douces : 6 194

Ingrédients:..194

Les directions: 194
Bols de burrito au quinoa : 196
Les directions: 197
Broccolini aux amandes Portions : 6 198
Ingrédients: 198
Les directions: 198
Plat de quinoa : 200
Les directions: 200
Portions de salade aux œufs Clean Eating : 2 202
Ingrédients: 202
Les directions: 202
Portions de chili aux haricots blancs : 4 203
Ingrédients: 203
Les directions: 204
Portions de thon au citron : 4 205
Ingrédients: 205
Les directions: 205
Tilapia aux asperges et à la courge poivrée Portions : 4 207
Ingrédients: 207
Les directions: 207
Garniture de poulet au four avec des olives, des tomates et du basilic. 209
Ingrédients: 209
Les directions: 209
Portions de ratatouille : 8 211
Ingrédients: 211
Les directions: 211
Portions de soupe aux boulettes de poulet : 4 213

Ingrédients: 213

Les directions: 214

Salade De Chou Orange Avec Vinaigrette Aux Agrumes 215

Ingrédients: 215

Les directions: 216

Portions de tempeh et légumes-racines : 4 217

Ingrédients: 217

Les directions: 217

Bols à tacos aux boulettes de viande :

Boulettes de viande:

1 lb de bœuf haché maigre (sous toute viande hachée comme le porc, la dinde ou le poulet)

1 oeuf

1/4 tasse de chou frisé finement coupé ou d'herbes croquantes comme le persil ou la coriandre (facultatif)

1 cuillère à café de sel

1/2 cuillère à café de poivre noir

Bols à tacos

2 tasses de sauce Enchilada (nous utilisons des produits sur mesure) 16 boulettes de viande (fixations enregistrées précédemment)

2 tasses de riz cuit, blanc ou foncé

1 avocat, coupé

1 tasse de salsa ou de pico de gallo acquis localement 1 tasse de fromage râpé

1 Jalapeno, finement coupé (facultatif)

1 cuillère à soupe de coriandre, coupée en deux

1 citron vert, coupé en quartiers

Croustilles tortilla, pour servir

Les directions:

1. Faire/Congeler

2. Dans un grand bol, ajoutez la viande hachée, les œufs, le chou frisé (le cas échéant), le sel et le poivre. Mélanger avec vos mains jusqu'à ce qu'il soit équitablement consolidé

Structurez en 16 boulettes de viande d'environ 1 pouce de distance et placez-les sur une plaque fixée avec du papier d'aluminium.

3. Dans le cas où l'utilisation à l'intérieur de plusieurs jours, réfrigérer jusqu'à 2 jours.

4. En cas de gel, placez le récipient en tôle dans une glacière jusqu'à ce que les boulettes de viande soient solides. Déplacez-vous vers un sac plus frais. Les boulettes de viande se conservent au frais pendant 3 à 4 mois.

5. Cuisiner

6. Dans une casserole moyenne, porter la sauce enchilada à un ragoût bas. Inclure les boulettes de viande (aucune raison impérieuse de décongeler d'abord si les boulettes de viande étaient

solidifié). Cuire les boulettes de viande jusqu'à ce qu'elles soient bien cuites, 12 minutes en supposant qu'elles soient croustillantes et 20 minutes lorsqu'elles sont solidifiées.

7. Pendant que les boulettes de viande mijotent, préparez différentes fixations.

8. Préparez des bols à tacos en garnissant le riz de boulettes de viande et de sauce, d'avocat coupé, de salsa, de cheddar, de morceaux de jalapeño et de coriandre. Présentez avec des quartiers de lime et des chips tortilla.

Zoodles au pesto d'avocat avec des portions de saumon : 4

Temps de cuisson : 25 minutes

Ingrédients:

1 cuillère à soupe de pesto

1 citron

2 steaks de saumon surgelés/frais

1 grosse courgette, en spirale

1 cuillère à soupe de poivre noir

1 avocat

1/4 tasse de parmesan, râpé

assaisonnement italien

Les directions:

1. Chauffer le four à 375 F. Assaisonner le saumon avec l'assaisonnement italien, le sel et le poivre et cuire au four pendant 20 minutes.

2. Ajoutez les avocats dans le bol avec une cuillère à soupe de poivre, du jus de citron et une cuillère à soupe de pesto. Écrasez les avocats et gardez-les de côté.

3. Ajouter les nouilles aux courgettes dans un plat de service, suivi du mélange d'avocat et de saumon.

4. Saupoudrer de fromage. Ajouter plus de pesto si nécessaire. Prendre plaisir!

Informations nutritionnelles : 128 calories 9,9 g de lipides 9 g de glucides totaux 4 g de protéines

Patates douces au curcuma, pomme et oignon avec poulet

Portions : 4

Temps de cuisson : 45 minutes

Ingrédients:

2 cuillères à soupe de beurre non salé, à température ambiante 2 patates douces moyennes

1 grosse pomme Granny Smith

1 oignon moyen, tranché finement

4 poitrines de poulet avec os et peau

1 cuillère à café de sel

1 cuillère à café de curcuma

1 cuillère à café de sauge séchée

¼ cuillère à café de poivre noir fraîchement moulu

1 tasse de cidre de pomme, de vin blanc ou de bouillon de poulet <u>Les directions:</u>

1. Préchauffer le four à 400°F. Graisser la plaque à pâtisserie avec le beurre.

2. Disposer les patates douces, la pomme et l'oignon en une seule couche sur la plaque à pâtisserie.

3. Mettez le poulet, côté peau vers le haut, et assaisonnez avec le sel, le curcuma, la sauge et le poivre. Ajouter le cidre.

4. Rôtir dans les 35 à 40 minutes. Retirer, laisser reposer 5 minutes et servir.

Informations nutritionnelles : Calories 386 Lipides totaux : 12g Glucides totaux : 26g Sucre : 10g Fibres : 4g Protéines : 44g Sodium : 932mg

Portions de steak de saumon aux herbes poêlées : 4

Temps de cuisson : 5 minutes

Ingrédients:

1 livre de steak de saumon, rincé 1/8 c. à thé de poivre de cayenne 1 c. à thé de poudre de chili

½ cuillère à café de cumin

2 gousses d'ail, hachées

1 cuillère à soupe d'huile d'olive

cc de sel

1 cuillère à café de poivre noir fraîchement moulu

Les directions:

1. Préchauffer le four à 350 degrés F.

2. Dans un bol, mélanger le poivre de Cayenne, la poudre de chili, le cumin, le sel et le poivre noir. Mettre de côté.

3. Arroser le pavé de saumon d'huile d'olive. Frottez des deux côtés. Frotter l'ail et le mélange d'épices préparé. Laisser reposer 10 minutes.

4. Après avoir laissé les saveurs se mélanger, préparez une poêle allant au four.

Faites chauffer l'huile d'olive. Une fois chaud, assaisonner le saumon pendant 4 minutes des deux côtés.

5. Transférer la poêle à l'intérieur du four. Cuire au four pendant 10 minutes. Servir.

<u>Informations nutritionnelles :</u> Calories 210 Glucides : 0g Lipides : 14g Protéines : 19g

Portions de tofu et de légumes d'été à l'italienne : 4

Temps de cuisson : 20 minutes

Ingrédients:

2 grosses courgettes, coupées en tranches de ¼ de pouce

2 grosses courges d'été, coupées en tranches de de pouce d'épaisseur 1 livre de tofu ferme, coupé en dés de 1 pouce

1 tasse de bouillon de légumes ou d'eau

3 cuillères à soupe d'huile d'olive extra vierge

2 gousses d'ail, tranchées

1 cuillère à café de sel

1 cuillère à café d'assaisonnement aux herbes italiennes

¼ cuillère à café de poivre noir fraîchement moulu

1 cuillère à soupe de basilic frais émincé

Les directions:

1. Préchauffer le four à 400°F.

2. Combiner les courgettes, la courge, le tofu, le bouillon, l'huile, l'ail, le sel, le mélange d'assaisonnements aux herbes italiennes et le poivre sur une grande plaque à pâtisserie à rebords et bien mélanger.

3. Rôtir dans les 20 minutes.

4. Parsemer de basilic et servir.

<u>Informations nutritionnelles :</u> Calories 213 Total Lipides : 16g Total Glucides : 9g Sucre : 4g Fibres : 3g Protéines : 13g Sodium : 806mg

Salade de fraises et fromage de chèvre

Ingrédients

1 livre de fraises croustillantes, coupées en dés

Discrétionnaire : 1 à 2 cuillères à café de nectar ou de sirop d'érable, au goût
2 onces de cheddar de chèvre désintégré (environ ½ tasse) ¼ tasse de basilic croustillant ciselé, en plus de quelques petites feuilles de basilic pour embellir

1 cuillère à soupe d'huile d'olive extra vierge

1 cuillère à soupe de vinaigre balsamique épais*

½ cuillère à café de sel de mer Maldon feuilleté ou un an insuffisant

cuillère à café de sel de mer fin

Poivre noir moulu croustillant

Les directions:

1. Répartir les fraises en dés sur un plat de service moyen ou un bol de service peu profond. Dans le cas où les fraises ne sont pas suffisamment sucrées exactement comme vous le souhaiteriez, jetez-les avec une touche de nectar ou de sirop d'érable.

2. Saupoudrer le cheddar de chèvre désintégré sur les fraises, traîné par le basilic ciselé. Arrosez le dessus d'huile d'olive et de vinaigre balsamique.

3. Polir l'assiette de verdures mélangées avec le sel, quelques morceaux de poivre noir moulu croustillant et les feuilles de basilic conservées. Pour une excellente introduction, servez rapidement l'assiette de mesclun.

Cependant, les restes se conservent bien au réfrigérateur pendant environ 3 jours.

Portions de ragoût de chou-fleur et de morue au curcuma : 4

Temps de cuisson : 30 minutes

Ingrédients:

½ livre de fleurons de chou-fleur

1 livre de filets de morue, désossés, sans peau et coupés en cubes 1 cuillère à soupe d'huile d'olive

1 oignon jaune, haché

½ cuillère à café de graines de cumin

1 piment vert, haché

cuillère à café de curcuma en poudre

2 tomates hachées

Une pincée de sel et de poivre noir

½ tasse de bouillon de poulet

1 cuillère à soupe de coriandre, hachée

Les directions:

1. Faites chauffer une casserole avec l'huile à feu moyen, ajoutez l'oignon, le piment, le cumin et le curcuma, remuez et laissez cuire 5 minutes.

2. Ajouter le chou-fleur, le poisson et les autres ingrédients, mélanger, porter à ébullition et cuire à feu moyen pendant 25 minutes de plus.

3. Répartir le ragoût dans des bols et servir.

Informations nutritionnelles : calories 281, lipides 6, fibres 4, glucides 8, protéines 12

Portions de délices aux noix et aux asperges : 4

Temps de cuisson : 5 minutes

Ingrédients:

1 et ½ cuillères à soupe d'huile d'olive

¾ livre d'asperges, parées

¼ tasse de noix, hachées

Graines de tournesol et poivre au goût

Les directions:

1. Placez une poêle sur feu moyen, ajoutez de l'huile d'olive et laissez chauffer.

2. Ajouter les asperges, faire sauter pendant 5 minutes jusqu'à ce qu'elles soient dorées.

3. Assaisonner de graines de tournesol et de poivre.

4. Retirez la chaleur.

5. Ajouter les noix et mélanger.

<u>Informations nutritionnelles :</u> Calories : 124 Lipides : 12gGlucides : 2gProtéines : 3g

Ingrédients des pâtes aux courgettes Alfredo :

2 courgettes moyennes en spirale

1-2 To de parmesan végétalien (facultatif)

Sauce Alfredo Rapide

1/2 tasse de noix de cajou brutes trempées pendant quelques heures ou dans de l'eau bouillante pendant 10 minutes

2 To de jus de citron

3 To de levure nourrissante

2 cuillères à café de miso blanc (peut être un sous tamari, de la sauce soja ou des aminos à la noix de coco)

1 cuillère à café de poudre d'oignon

1/2 cuillère à café d'ail en poudre

1/4-1/2 tasse d'eau

Les directions:

1. Spiralez les nouilles de courgettes.

2. Ajoutez toutes les fixations Alfredo dans un mélangeur rapide (en commençant par 1/4 tasse d'eau) et mélangez jusqu'à consistance lisse.

Dans le cas où votre sauce est trop épaisse, ajoutez plus d'eau une cuillère à soupe à la fois jusqu'à ce que vous obteniez la consistance que vous recherchez.

3. Garnissez les nouilles de courgettes de sauce Alfredo et, si vous le souhaitez, d'une poussette végétarienne.

Ingrédients de poulet au quinoa et à la dinde :

1 tasse de quinoa, rincé

3-1/2 tasses d'eau, isolé

1/2 livre de dinde hachée maigre

1 énorme oignon doux, émincé

1 poivron rouge doux moyen, émincé

4 gousses d'ail, hachées

1 cuillère à soupe de poudre de ragoût de haricots

1 cuillère à soupe de cumin moulu

1/2 cuillère à café de cannelle moulue

2 pots (15 onces chacun) de haricots noirs, rincés et épuisés 1 boîte (28 onces) de tomates écrasées

1 courgette moyenne, coupée en lamelles

1 piment chipotle en sauce adobo, coupé en lanières

1 cuillère à soupe de sauce adobo

1 feuille rétrécie

1 cuillère à café d'origan séché

1/2 cuillère à café de sel

1/4 cuillère à café de poivre

1 tasse de maïs solidifié, décongelé

1/4 tasse de coriandre croustillante hachée

Garnitures discrétionnaires : Avocat en cubes, cheddar Monterey Jack détruit

Les directions:

1. Dans une énorme casserole, chauffer le quinoa et 2 tasses d'eau jusqu'à ébullition. Diminuer la chaleur; étendre et mijoter pendant 12 à 15 minutes ou jusqu'à ce que l'eau soit retenue. Expulsez de la chaleur; éclaircir avec une fourchette et mettre dans un endroit sûr.

2. Ensuite, dans une énorme poêle recouverte de douche de cuisson, faire cuire la dinde, l'oignon, le poivron rouge et l'ail à feu moyen jusqu'à ce que la viande ne soit plus rose et les légumes soient délicats; canal. Incorporer la poudre de ragoût de haricots, le cumin et la cannelle; cuire 2 minutes de plus.

Chaque fois que vous le souhaitez, présentez avec des garnitures discrétionnaires.

3. Inclure les haricots noirs, les tomates, les courgettes, le piment chipotle, la sauce adobo, la feuille saine, l'origan, le sel, le poivre et le reste de l'eau.

Chauffer jusqu'à ébullition. Diminuer la chaleur; tartiner et mijoter pour 30 minutes. Incorporer le maïs et le quinoa; chauffer à travers. Éliminer la feuille étroite; mélanger la coriandre. Présenter avec des fixations discrétionnaires comme souhaité.

4. Alternative de congélation : Congelez le ragoût refroidi dans des compartiments plus frais.

Pour l'utilisation, décongeler incomplètement au réfrigérateur à moyen terme. Réchauffer dans une casserole, en mélangeant de temps en temps; inclure des jus ou de l'eau si vital.

Portions de nouilles à l'ail et à la courge : 4

Temps de cuisson : 15 minutes

Ingrédients:

Pour préparer la sauce

tasse de lait de coco

6 grandes dates

2/3g Noix de coco râpée

6 gousses d'ail

2 cuillères à soupe de pâte de gingembre

2 cuillères à soupe de pâte de curry rouge

Pour préparer des nouilles

1 grosses nouilles à la courge

½ carottes coupées en julienne

½ courgette coupée en julienne

1 petit poivron rouge

¼ Tasse de noix de cajou

Les directions:

1. Pour faire la sauce, mélanger tous les ingrédients et faire une purée épaisse.

2. Couper la courge spaghetti dans le sens de la longueur et faire des nouilles.

3. Badigeonner légèrement la plaque de cuisson d'huile d'olive et cuire les nouilles à la courge à 40 °C pendant 5 à 6 minutes.

4. Pour servir, incorporer les nouilles et la purée dans un bol. Ou servez la purée avec les nouilles.

Informations nutritionnelles : Calories 405 Glucides : 107g Lipides : 28g Protéines : 7g

Truite à la vapeur avec haricots rouges et salsa au chili Portion: 1

Temps de cuisson : 16 minutes

Ingrédients:

4 ½ onces de tomates cerises, coupées en deux

1/4 d'avocat, non pelé

6 oz de filet de truite de mer sans peau

Feuilles de coriandre pour servir

2 cuillères à café d'huile d'olive

Quartiers de lime, pour servir

4 ½ oz de haricots rouges en conserve, rincés et égouttés 1/2 oignon rouge, tranché finement

1 cuillère à soupe de piments jalapenos marinés, égouttés

1/2 cuillère à café de cumin moulu

4 olives siciliennes/olives vertes

Les directions:

1. Placez un panier vapeur sur une casserole d'eau frémissante. Ajouter le poisson dans le panier et couvrir, cuire 10-12 minutes.

2. Retirez le poisson, puis laissez-le reposer quelques minutes. Pendant ce temps, préchauffer un peu d'huile dans une poêle.

3. Ajouter les jalapenos marinés, les haricots rouges, les olives, 1/2 cuillère à café de cumin et les tomates cerises. Cuire environ 4 à 5 minutes en remuant continuellement.

4. Verser la pâte de haricots sur un plat de service, suivie de la truite.

Ajouter la coriandre et l'oignon sur le dessus.

5. Servir avec des quartiers de lime et de l'avocat. Dégustez une truite de mer cuite à la vapeur avec une salsa de haricots rouges et de chili !

Informations nutritionnelles : 243 calories 33,2 g de lipides 18,8 g de glucides totaux 44 g de protéines

Portions de soupe aux patates douces et à la dinde : 4

Temps de cuisson : 45 minutes

Ingrédients:

2 cuillères à soupe d'huile d'olive

1 oignon jaune, haché

1 poivron vert, haché

2 patates douces, pelées et coupées en cubes

1 livre de poitrine de dinde, sans peau, désossée et en cubes 1 cuillère à thé de coriandre, moulue

Une pincée de sel et de poivre noir

1 cuillère à café de paprika doux

6 tasses de bouillon de poulet

Jus de 1 citron vert

Une poignée de persil haché

Les directions:

1. Faites chauffer une casserole avec l'huile à feu moyen, ajoutez l'oignon, le poivron et les patates douces, remuez et laissez cuire 5 minutes.

2. Ajouter la viande et faire revenir 5 minutes de plus.

3. Ajouter le reste des ingrédients, mélanger, porter à ébullition et cuire à feu moyen pendant 35 minutes de plus.

4. Versez la soupe dans des bols et servez.

Informations nutritionnelles : calories 203, lipides 5, fibres 4, glucides 7, protéines 8

Portions de saumon grillé au miso : 2

Temps de cuisson : 20 minutes

Ingrédients:

2 cuillères à soupe. Sirop d'érable

2 citrons

¼ tasse de miso

c. Poivre, moulu

2 citrons verts

2 ½ lb de saumon, avec la peau

Pincée de poivre de Cayenne

2 cuillères à soupe. Huile d'olive vierge extra

¼ tasse de miso

Les directions:

1. Tout d'abord, mélangez le jus de citron vert et le jus de citron dans un petit bol jusqu'à ce qu'ils soient bien mélangés.

2. Ensuite, ajoutez le miso, le poivre de Cayenne, le sirop d'érable, l'huile d'olive et le poivre. Bien mélanger.

3. Ensuite, placez le saumon sur une plaque à pâtisserie tapissée de papier parchemin, côté peau vers le bas.

4. Badigeonner généreusement le saumon du mélange miso citron.

5. Maintenant, placez les morceaux de citron et de lime coupés en deux sur les côtés avec le côté coupé vers le haut.

6. Enfin, faites-les cuire pendant 8 à 12 minutes ou jusqu'à ce que le poisson s'émiette.

<u>Informations nutritionnelles :</u> Calories : 230KcalProtéines : 28,3gGlucides : 6,7gMatières grasses : 8,7g

Portions de filet feuilleté simplement sauté : 6

Temps de cuisson : 8 minutes

Ingrédients:

6 filets de tilapia

2 cuillères à soupe d'huile d'olive

1 mcx de citron, jus

Sel et poivre au goût

tasse de persil ou de coriandre, haché

Les directions:

1. Faire sauter les filets de tilapia avec de l'huile d'olive dans une poêle de taille moyenne placée à feu moyen. Cuire 4 minutes de chaque côté jusqu'à ce que le poisson s'émiette facilement à la fourchette.

2. Ajoutez du sel et du poivre au goût. Versez le jus de citron sur chaque filet.

3. Pour servir, saupoudrer les filets cuits de persil haché ou de coriandre.

Informations nutritionnelles : Calories : 249 CalFat : 8,3 g Protéines : 18,6 g Glucides : 25,9

Fibre : 1g

Chaudrée De Poisson Blanc Aux Légumes

Portions : 6 à 8

Temps de cuisson : 32 à 35 minutes

Ingrédients:

3 patates douces, pelées et coupées en morceaux de ½ pouce 4 carottes, pelées et coupées en morceaux de ½ pouce 3 tasses de lait de coco entier

2 tasses d'eau

1 cuillère à café de thym séché

½ cuillère à café de sel de mer

10 ½ onces (298 g) de poisson blanc, sans peau et ferme, comme la morue ou le flétan, coupé en morceaux

Les directions:

1. Ajouter les patates douces, les carottes, le lait de coco, l'eau, le thym et le sel de mer dans une grande casserole à feu vif et porter à ébullition.

2. Réduire le feu à doux, couvrir et laisser mijoter pendant 20 minutes jusqu'à ce que les légumes soient tendres, en remuant de temps en temps.

3. Verser la moitié de la soupe dans un mélangeur et réduire en purée jusqu'à ce que le tout soit bien mélangé et lisse, puis remettre dans la casserole.

4. Incorporer les morceaux de poisson et poursuivre la cuisson pendant encore 12

à 15 minutes, ou jusqu'à ce que le poisson soit bien cuit.

5. Retirer du feu et servir dans des bols.

<u>Informations nutritionnelles :</u> calories : 450 ; matière grasse : 28,7 g ; protéines : 14,2 g ; glucides : 38,8 g ; fibre : 8,1 g ; sucre : 6,7 g ; sodium : 250mg

Portions de moules au citron : 4

Ingrédients:

1 cuillère à soupe. huile d'olive extra vierge extra vierge 2 gousses d'ail émincées

2 livres. moules lavées

Jus d'un citron

Les directions:

1. Mettez de l'eau dans une casserole, ajoutez les moules, portez à ébullition à feu moyen, laissez cuire 5 minutes, jetez les moules non ouvertes et transférez-les dans un bol.

2. Dans un autre bol, mélanger l'huile avec l'ail et le jus de citron fraîchement pressé, bien fouetter et ajouter sur les moules, mélanger et servir.

3. Profitez-en !

Informations nutritionnelles : Calories : 140, Lipides : 4 g, Glucides : 8 g, Protéines : 8 g, Sucres : 4 g, Sodium : 600 mg,

Portions de saumon à la lime et au chili : 2

Temps de cuisson : 8 minutes

Ingrédients:

1 livre de saumon

1 cuillère à soupe de jus de citron vert

½ cuillère à café de poivre

½ cuillère à café de poudre de chili

4 tranches de citron vert

Les directions:

1. Arroser le saumon de jus de lime.

2. Saupoudrer les deux côtés de poivre et de poudre de chili.

3. Ajoutez le saumon dans la friteuse à air.

4. Placer les tranches de lime sur le saumon.

5. Faire frire à l'air libre à 375 degrés F pendant 8 minutes.

Portions de pâtes au thon au fromage : 3-4

Ingrédients:

2 ch. Roquette

c. oignons verts hachés

1 cuillère à soupe. vinaigre rouge

5 onces thon en conserve égoutté

c. poivre noir

2 oz. pâtes de blé entier cuites

1 cuillère à soupe. huile d'olive

1 cuillère à soupe. parmesan allégé râpé

Les directions:

1. Cuire les pâtes dans de l'eau non salée jusqu'à ce qu'elles soient prêtes. Égoutter et réserver.

2. Dans un bol de grande taille, bien mélanger le thon, les oignons verts, le vinaigre, l'huile, la roquette, les pâtes et le poivre noir.

3. Bien mélanger et garnir de fromage.

4. Servez et dégustez.

Informations nutritionnelles : Calories : 566,3, Lipides : 42,4 g, Glucides : 18,6 g, Protéines : 29,8 g, Sucres : 0,4 g, Sodium : 688,6 mg

Portions de lanières de poisson en croûte de noix de coco : 4

Temps de cuisson : 12 minutes

Ingrédients:

Marinade

1 cuillère à soupe de sauce soja

1 cuillère à café de gingembre moulu

½ tasse de lait de coco

2 cuillères à soupe de sirop d'érable

½ tasse de jus d'ananas

2 cuillères à café de sauce piquante

Poisson

1 lb de filet de poisson, tranché en lanières

Poivre à goûter

1 tasse de chapelure

1 tasse de flocons de noix de coco (non sucrés)

Aérosol de cuisson

Les directions:

1. Mélanger les ingrédients de la marinade dans un bol.

2. Incorporer les lanières de poisson.

3. Couvrir et réfrigérer pendant 2 heures.

4. Préchauffez votre friteuse à air à 375 degrés F.

5. Dans un bol, mélanger le poivre, la chapelure et les flocons de noix de coco.

6. Tremper les lanières de poisson dans le mélange de chapelure.

7. Vaporisez d'huile le panier de votre friteuse à air.

8. Ajoutez les lanières de poisson dans le panier de la friteuse à air.

9. Faire frire à l'air pendant 6 minutes de chaque côté.

Portions de poisson mexicain : 2

Temps de cuisson : 10 minutes

Ingrédients:

4 filets de poisson

2 cuillères à café d'origan mexicain

4 cuillères à café de cumin

4 cuillères à café de poudre de chili

Poivre à goûter

Aérosol de caisson

Les directions:

1. Préchauffez votre friteuse à air à 400 degrés F.

2. Vaporisez le poisson d'huile.

3. Assaisonner les deux côtés du poisson avec des épices et du poivre.

4. Placez le poisson dans le panier de la friteuse à air.

5. Cuire 5 minutes.

6. Retourner et cuire encore 5 minutes.

Truite avec salsa de concombre Portions : 4

Temps de cuisson : 10 minutes

Ingrédients:

Salsa:

1 concombre anglais, coupé en dés

¼ tasse de yogourt à la noix de coco non sucré

2 cuillères à soupe de menthe fraîche hachée

1 oignon vert, parties blanches et vertes, hachées

1 cuillère à café de miel brut

Sel de mer

Poisson:

4 filets de truite (5 onces), épongés

1 cuillère à soupe d'huile d'olive

Sel de mer et poivre noir fraîchement moulu, au goût <u>Les directions:</u>

1. Préparez la salsa : mélangez le yogourt, le concombre, la menthe, les oignons verts, le miel et le sel de mer dans un petit bol jusqu'à ce que le tout soit complètement mélangé. Mettre de côté.

2. Sur un plan de travail propre, frotter légèrement les filets de truite avec du sel marin et du poivre.

3. Faites chauffer l'huile d'olive dans une grande poêle à feu moyen. Ajoutez les filets de truite dans la poêle chaude et faites-les frire pendant environ 10 minutes, en retournant le poisson à mi-cuisson ou jusqu'à ce que le poisson soit cuit à votre goût.

4. Étalez la salsa sur le poisson et servez.

<u>Informations nutritionnelles :</u> calories : 328 ; matière grasse : 16,2 g ; protéines : 38,9 g ; glucides : 6,1 g

; fibre : 1,0 g ; sucre : 3,2 g ; sodium : 477 mg

Zoodles au citron avec des portions de crevettes : 4

Temps de cuisson : 0 minutes

Ingrédients:

Sauce:

½ tasse de feuilles de basilic frais tassées

Jus de 1 citron (ou 3 cuillères à soupe)

1 cuillère à café d'ail émincé en bouteille

pincée de sel de mer

Pincée de poivre noir fraîchement moulu

¼ tasse de lait de coco entier en conserve

1 grosse courge jaune, coupée en julienne ou en spirale 1 grosse courgette, coupée en julienne ou en spirale

1 livre (454 g) de crevettes, déveinées, bouillies, décortiquées et réfrigérées Zeste de 1 citron (facultatif)

Les directions:

1. Préparez la sauce : passez les feuilles de basilic, le jus de citron, l'ail, le sel de mer et le poivre dans un robot culinaire jusqu'à ce qu'ils soient bien hachés.

2. Versez lentement le lait de coco pendant que le robot tourne. Pulser jusqu'à consistance lisse.

3. Transférer la sauce dans un grand bol, avec la courge jaune et la courgette. Bien mélanger.

4. Répartir les crevettes et le zeste de citron (si désiré) sur les nouilles. Sers immédiatement.

<u>Informations nutritionnelles :</u> calories : 246 ; matière grasse : 13,1g ; protéines : 28,2 g ; glucides: 4.9g

; fibre : 2,0 g ; sucre : 2,8 g ; sodium : 139 mg

Portions de crevettes croustillantes : 4

Temps de cuisson : 3 minutes

Ingrédients:

1 lb de crevettes, décortiquées et déveinées

½ tasse de mélange de panure de poisson

Aérosol de cuisson

Les directions:

1. Préchauffez votre friteuse à air à 390 degrés F.

2. Vaporiser les crevettes d'huile.

3. Enrober du mélange à panure.

4. Vaporisez d'huile le panier de la friteuse à air.

5. Ajoutez les crevettes dans le panier de la friteuse à air.

6. Cuire 3 minutes.

Portions de bar grillé : 2

Ingrédients:

2 gousses d'ail hachées

Poivre.

1 cuillère à soupe. jus de citron

2 filets de bar blanc

c. mélange d'assaisonnements aux herbes

Les directions:

1. Vaporisez une lèchefrite d'un peu d'huile d'olive et placez-y les filets.

2. Saupoudrer le jus de citron, l'ail et les épices sur les filets.

3. Faire griller environ 10 minutes ou jusqu'à ce que le poisson soit doré.

4. Servir sur un lit d'épinards sautés si désiré.

Informations nutritionnelles : Calories: 169, Lipides:9,3 g, Glucides:0,34 g, Protéines:15.3

g, Sucres:0,2 g, Sodium:323 mg

Portions de galettes de saumon : 4

Temps de cuisson : 10 minutes

Ingrédients:

Aérosol de cuisson

1 lb de filet de saumon, émietté

¼ tasse de farine d'amande

2 cuillères à café d'assaisonnement Old Bay

1 oignon vert, haché

Les directions:

1. Préchauffez votre friteuse à air à 390 degrés F.

2. Vaporisez d'huile le panier de votre friteuse à air.

3. Dans un bol, mélanger le reste des ingrédients.

4. Former des galettes à partir du mélange.

5. Vaporiser les deux côtés des galettes d'huile.

6. Faire frire à l'air pendant 8 minutes.

Portions de morue épicée : 4

Ingrédients:

2 cuillères à soupe. Persil frais haché

2 livres. filets de cabillaud

2 ch. salsa faible en sodium

1 cuillère à soupe. huile sans saveur

Les directions:

1. Préchauffer le four à 350°F.

2. Dans un grand plat allant au four, arroser d'un filet d'huile au fond.

Disposez les filets de cabillaud dans le plat. Verser la salsa sur le poisson. Couvrir de papier d'aluminium pendant 20 minutes. Retirez le papier d'aluminium les 10 dernières minutes de cuisson.

3. Cuire au four pendant 20 à 30 minutes, jusqu'à ce que le poisson soit feuilleté.

4. Servir avec du riz blanc ou brun. Garnir de persil.

Informations nutritionnelles : Calories : 110, Lipides : 11 g, Glucides : 83 g, Protéines : 16,5 g, Sucres : 0 g, Sodium : 122 mg

Portions de tartinade à la truite fumée : 2

Ingrédients:

2 cuillères à café. Jus de citron frais

½ c. fromage cottage faible en gras

1 branche de céleri en dés

¼ lb de filet de truite fumée sans peau,

½ c. sauce Worcestershire

1 c. sauce au piment

c. oignon rouge haché grossièrement

Les directions:

1. Mélanger la truite, le fromage cottage, l'oignon rouge, le jus de citron, la sauce au piment fort et la sauce Worcestershire dans un mélangeur ou un robot culinaire.

2. Mélanger jusqu'à consistance lisse, en s'arrêtant pour racler les parois du bol au besoin.

3. Incorporer le céleri coupé en dés.

4. Conserver dans un contenant hermétique au réfrigérateur.

Informations nutritionnelles : Calories : 57, Lipides : 4 g, Glucides : 1 g, Protéines : 4 g, Sucres : 0 g, Sodium : 660 mg

Portions de thon et d'échalotes : 4

Ingrédients:

½ c. bouillon de poulet pauvre en sodium

1 cuillère à soupe. huile d'olive

4 filets de thon désossés et sans peau

2 échalotes hachées

1 c. paprika doux

2 cuillères à soupe. jus de citron vert

c. poivre noir

Les directions:

1. Faire chauffer une poêle avec l'huile à feu moyen-vif, ajouter les échalotes et faire revenir 3 minutes.

2. Ajouter le poisson et le cuire 4 minutes de chaque côté.

3. Ajouter le reste des ingrédients, cuire le tout encore 3 minutes, répartir dans les assiettes et servir.

<u>Informations nutritionnelles :</u> Calories : 4040, Lipides : 34,6 g, Glucides : 3 g, Protéines : 21,4 g, Sucres : 0,5 g, Sodium : 1000 mg

Portions de crevettes au citron et au poivre : 2

Temps de cuisson : 10 minutes

Ingrédients:

1 cuillère à soupe de jus de citron

1 cuillère à soupe d'huile d'olive

1 cuillère à café de poivre citronné

¼ cuillère à café d'ail en poudre

cuillère à café de paprika

12 onces crevettes, décortiquées et déveinées

Les directions:

1. Préchauffez votre friteuse à air à 400 degrés F.

2. Mélangez le jus de citron, l'huile d'olive, le poivre citronné, la poudre d'ail et le paprika dans un bol.

3. Incorporer les crevettes et les enrober uniformément du mélange.

4. Ajouter à la friteuse à air.

5. Cuire pendant 8 minutes.

Portions de steak de thon chaud : 6

Ingrédients:

2 cuillères à soupe. Jus de citron frais

Poivre.

Mayonnaise à l'ail et à l'orange rôtie

c. grains de poivre noir entiers

6 steaks de thon tranchés

2 cuillères à soupe. Huile d'olive vierge extra

Le sel

Les directions:

1. Placez le thon dans un bol pour l'adapter. Ajouter l'huile, le jus de citron, le sel et le poivre. Retourner le thon pour bien l'enrober de marinade. Laisser reposer 15 à 20

minutes, en tournant une fois.

2. Placez les grains de poivre dans une double épaisseur de sacs en plastique. Tapotez les grains de poivre avec une casserole à fond épais ou

un petit maillet pour les écraser grossièrement. Placer sur une grande assiette.

3. Au moment de cuire le thon, trempez les bords dans les grains de poivre concassés. Chauffer une poêle antiadhésive à feu moyen. Saisir les steaks de thon, par lots si nécessaire, pendant 4 minutes de chaque côté pour les poissons mi-saignants, en ajoutant 2 à 3 cuillères à soupe de marinade dans la poêle si nécessaire, pour éviter qu'ils ne collent.

4. Servir nappé de mayonnaise à l'orange et à l'ail rôti Informations nutritionnelles : Calories : 124, Lipides : 0,4 g, Glucides : 0,6 g, Protéines : 28 g, Sucres : 0 g, Sodium : 77 mg

Portions de saumon cajun : 2

Temps de cuisson : 10 minutes

Ingrédients:

2 filets de saumon

Aérosol de cuisson

1 cuillère à soupe d'assaisonnement cajun

1 cuillère à soupe de miel

Les directions:

1. Préchauffez votre friteuse à air à 390 degrés F.

2. Vaporisez d'huile les deux côtés du poisson.

3. Saupoudrer d'assaisonnement cajun.

4. Vaporisez d'huile le panier de la friteuse à air.

5. Ajoutez le saumon dans le panier de la friteuse à air.

6. Faire frire à l'air pendant 10 minutes.

Bol de saumon au quinoa et légumes

Portions : 4

Temps de cuisson : 0 minutes

Ingrédients:

1 livre (454 g) de saumon cuit, émietté

4 tasses de quinoa cuit

6 radis, tranchés finement

1 courgette, coupée en demi-lunes

3 tasses de roquette

3 oignons verts, émincés

½ tasse d'huile d'amande

1 cuillère à café de sauce piquante sans sucre

1 cuillère à soupe de vinaigre de cidre de pomme

1 cuillère à café de sel de mer

½ tasse d'amandes effilées grillées, pour la garniture (facultatif) <u>Les directions:</u>

1. Dans un grand bol, mélanger le saumon émietté, le quinoa cuit, les radis, les courgettes, la roquette et les oignons verts, et bien mélanger.

2. Incorporer l'huile d'amande, la sauce piquante, le vinaigre de cidre de pomme et le sel de mer et mélanger.

3. Répartir le mélange dans quatre bols. Répartir uniformément chaque bol avec les amandes effilées pour la garniture, si désiré. Sers immédiatement.

Informations nutritionnelles : calories : 769 ; matière grasse : 51,6 g ; protéine : 37,2 g ; glucides : 44,8 g ; fibre : 8,0 g ; sucre : 4,0 g ; sodium : 681 mg

Portions de poisson pané : 4

Temps de cuisson : 15 minutes

Ingrédients:

¼ tasse d'huile d'olive

1 tasse de chapelure sèche

4 filets de poisson blanc

Poivre à goûter

Les directions:

1. Préchauffez votre friteuse à air à 350 degrés F.

2. Saupoudrer les deux côtés du poisson de poivre.

3. Mélanger l'huile et la chapelure dans un bol.

4. Tremper le poisson dans le mélange.

5. Appuyez sur la chapelure pour adhérer.

6. Placez le poisson dans la friteuse à air.

7. Cuire 15 minutes.

Portions de galettes de saumon simples : 4

Temps de cuisson : 8 à 10 minutes

Ingrédients:

1 livre (454 g) de filets de saumon désossés sans peau, émincés ¼ tasse d'oignon doux émincé

½ tasse de farine d'amande

2 gousses d'ail, hachées

2 œufs, battus

1 cuillère à café de moutarde de Dijon

1 cuillère à soupe de jus de citron fraîchement pressé

Dash flocons de piment rouge

½ cuillère à café de sel de mer

¼ cuillère à café de poivre noir fraîchement moulu

1 cuillère à soupe d'huile d'avocat

Les directions:

1. Mélangez le saumon émincé, l'oignon doux, la farine d'amande, l'ail, les œufs battus, la moutarde, le jus de citron, les flocons de piment rouge, le sel de mer et le poivre dans un grand bol et remuez jusqu'à ce qu'ils soient bien incorporés.

2. Laisser reposer le mélange de saumon pendant 5 minutes.

3. Retirer le mélange de saumon et façonner quatre galettes de ½ pouce d'épaisseur avec vos mains.

4. Faites chauffer l'huile d'avocat dans une grande poêle à feu moyen. Ajouter les galettes dans la poêle chaude et cuire de chaque côté pendant 4 à 5 minutes jusqu'à ce qu'elles soient légèrement dorées et bien cuites.

5. Retirer du feu et servir sur une assiette.

Informations nutritionnelles : calories : 248 ; matière grasse : 13,4 g ; protéines : 28,4 g ; glucides: 4.1g

; fibre : 2,0 g ; sucre : 2,0 g ; sodium : 443 mg

Portions de crevettes au maïs soufflé : 4

Temps de cuisson : 10 minutes

Ingrédients:

½ cuillère à café de poudre d'oignon

½ cuillère à café d'ail en poudre

½ cuillère à café de paprika

¼ cuillère à café de moutarde moulue

⅛ cuillère à café de sauge séchée

⅛ cuillère à café de thym moulu

⅛ cuillère à café d'origan séché

⅛ cuillère à café de basilic séché

Poivre à goûter

3 cuillères à soupe de fécule de maïs

1 lb de crevettes, décortiquées et déveinées

Aérosol de cuisson

Les directions:

1. Mélanger tous les ingrédients sauf les crevettes dans un bol.

2. Enrober les crevettes du mélange.

3. Vaporisez de l'huile sur le panier de la friteuse à air.

4. Préchauffez votre friteuse à air à 390 degrés F.

5. Ajouter les crevettes à l'intérieur.

6. Faire frire à l'air pendant 4 minutes.

7. Secouez le panier.

8. Cuire encore 5 minutes.

Portions de poisson au four épicé : 5

Ingrédients:

1 cuillère à soupe. huile d'olive

1 c. assaisonnement sans sel d'épice

1 lb de filet de saumon

Les directions:

1. Préchauffer le four à 350F.

2. Arrosez le poisson d'huile d'olive et de l'assaisonnement.

3. Cuire au four 15 min à découvert.

4. Trancher et servir.

<u>Informations nutritionnelles :</u> Calories : 192, Lipides : 11 g, Glucides : 14,9 g, Protéines : 33,1 g, Sucres : 0,3 g, Sodium : 505 6 mg

Portions de thon paprika : 4

Ingrédients:

½ c. poudre de chili

2 cuillères à café. paprika doux

c. poivre noir

2 cuillères à soupe. huile d'olive

4 steaks de thon désossés

Les directions:

1. Faire chauffer une poêle avec l'huile à feu moyen-vif, ajouter les steaks de thon, assaisonner de paprika, de poivre noir et de poudre de chili, cuire 5 minutes de chaque côté, répartir dans les assiettes et servir avec une salade d'accompagnement.

Informations nutritionnelles : Calories : 455, Lipides : 20,6 g, Glucides : 0,8 g, Protéines : 63,8

g, Sucres : 7,4 g, Sodium : 411 mg

Portions de galettes de poisson : 2

Temps de cuisson : 7 minutes

Ingrédients:

8 onces filet de poisson blanc, émietté

Ail en poudre au goût

1 cuillère à café de jus de citron

Les directions:

1. Préchauffez votre friteuse à air à 390 degrés F.

2. Combinez tous les ingrédients.

3. Former des galettes à partir du mélange.

4. Placez les galettes de poisson dans la friteuse à air.

5. Cuire 7 minutes.

Pétoncles poêlés au miel Portions : 4

Temps de cuisson : 15 minutes

Ingrédients:

1 livre (454 g) de gros pétoncles, rincés et épongés Dash sel de mer

Dash poivre noir fraîchement moulu

2 cuillères à soupe d'huile d'avocat

¼ tasse de miel cru

3 cuillères à soupe d'aminos de noix de coco

1 cuillère à soupe de vinaigre de cidre de pomme

2 gousses d'ail, hachées

Les directions:

1. Dans un bol, ajouter les pétoncles, le sel de mer et le poivre et mélanger jusqu'à ce qu'ils soient bien enrobés.

2. Dans une grande poêle, chauffer l'huile d'avocat à feu moyen-vif.

3. Saisir les pétoncles de 2 à 3 minutes de chaque côté ou jusqu'à ce qu'ils deviennent blanc laiteux ou opaques et fermes.

4. Retirer les pétoncles du feu dans une assiette et couvrir sans serrer de papier d'aluminium pour les garder au chaud. Mettre de côté.

5. Ajoutez le miel, les acides aminés de noix de coco, le vinaigre et l'ail dans la poêle et remuez bien.

6. Porter à ébullition et cuire environ 7 minutes jusqu'à ce que le liquide soit réduit, en remuant de temps en temps.

7. Remettre les pétoncles saisis dans la poêle en remuant pour les enrober de glaçage.

8. Répartir les pétoncles dans quatre assiettes et servir chaud.

Informations nutritionnelles : calories : 382 ; matière grasse : 18,9 g ; protéines : 21,2 g ; glucides : 26,1 g ; fibre : 1,0 g ; sucre : 17,7 g ; sodium : 496 mg

Filets de morue aux champignons shiitake

Portions : 4

Temps de cuisson : 15 à 18 minutes

Ingrédients:

1 gousse d'ail, émincée

1 poireau, tranché finement

1 cuillère à café de racine de gingembre frais émincé

1 cuillère à soupe d'huile d'olive

½ tasse de vin blanc sec

½ tasse de champignons shiitake tranchés

4 filets de morue (6 onces / 170 g)

1 cuillère à café de sel de mer

⅛ cuillère à café de poivre noir fraîchement moulu

Les directions:

1. Préchauffer le four à 375 ºF (190 ºC).

2. Mélanger l'ail, le poireau, la racine de gingembre, le vin, l'huile d'olive et les champignons dans un plat allant au four et mélanger jusqu'à ce que les champignons soient enrobés uniformément.

3. Cuire au four préchauffé pendant 10 minutes jusqu'à ce qu'ils soient légèrement dorés.

4. Retirez le plat de cuisson du four. Répartir les filets de cabillaud dessus et assaisonner de sel de mer et de poivre.

5. Couvrir de papier d'aluminium et remettre au four. Cuire au four pour 5 à 8

minutes de plus, ou jusqu'à ce que le poisson soit feuilleté.

6. Retirez le papier d'aluminium et laissez refroidir 5 minutes avant de servir.

Informations nutritionnelles : calories : 166 ; matière grasse : 6,9 g ; protéines : 21,2 g ; glucides : 4,8 g ; fibre : 1,0 g ; sucre : 1,0 g ; sodium : 857 mg

Portions de bar blanc grillé : 2

Ingrédients:

1 c. ail haché

Poivre noir moulu

1 cuillère à soupe. jus de citron

8 onces filets de bar blanc

c. mélange d'assaisonnements aux herbes sans sel

Les directions:

1. Préchauffer le gril et positionner la grille à 4 pouces de la source de chaleur.

2. Vaporiser légèrement un plat allant au four avec un aérosol de cuisson. Placer les filets dans la poêle. Saupoudrer le jus de citron, l'ail, l'assaisonnement aux herbes et le poivre sur les filets.

3. Faire griller jusqu'à ce que le poisson soit complètement opaque lorsqu'il est testé avec la pointe d'un couteau, environ 8 à 10 minutes.

4. Servir immédiatement.

<u>Informations nutritionnelles :</u> Calories : 114, Lipides : 2 g, Glucides : 2 g, Protéines : 21 g, Sucres : 0,5 g, Sodium : 78 mg

Portions de merlu aux tomates au four : 4-5

Ingrédients:

½ c. sauce tomate

1 cuillère à soupe. huile d'olive

Persil

2 tomates tranchées

½ c. fromage râpé

4 livres. poisson de merlu désossé et tranché

Le sel.

Les directions:

1. Préchauffer le four à 400 0F.

2. Assaisonnez le poisson avec du sel.

3. Dans une poêle ou une casserole; faire sauter le poisson dans l'huile d'olive jusqu'à ce qu'il soit à moitié cuit.

4. Prenez quatre papiers d'aluminium pour couvrir le poisson.

5. Façonnez la feuille pour qu'elle ressemble à des contenants; ajouter la sauce tomate dans chaque récipient en aluminium.

6. Ajouter le poisson, les tranches de tomates et garnir de fromage râpé.

7. Cuire au four jusqu'à obtenir une croûte dorée, pendant environ 20-25 minutes.

8. Ouvrir les paquets et garnir de persil.

<u>Informations nutritionnelles :</u> Calories : 265, Lipides : 15 g, Glucides : 18 g, Protéines : 22 g, Sucres : 0,5 g, Sodium : 94,6 mg

Aiglefin poêlé avec betteraves Portions : 4

Temps de cuisson : 30 minutes

Ingrédients:

8 betteraves, pelées et coupées en huit

2 échalotes, tranchées finement

2 cuillères à soupe de vinaigre de cidre de pomme

2 cuillères à soupe d'huile d'olive, divisée

1 cuillère à café d'ail émincé en bouteille

1 cuillère à café de thym frais haché

pincée de sel de mer

4 (5 onces / 142 g) filets d'aiglefin, épongés Les directions:

1. Préchauffer le four à 400 ºF (205 ºC).

2. Mélanger les betteraves, les échalotes, le vinaigre, 1 cuillère à soupe d'huile d'olive, l'ail, le thym et le sel de mer dans un bol moyen et mélanger pour bien enrober.

Étaler le mélange de betteraves dans un plat allant au four.

3. Rôtir au four préchauffé pendant environ 30 minutes, en retournant une ou deux fois avec une spatule, ou jusqu'à ce que les betteraves soient tendres.

4. Pendant ce temps, faites chauffer la 1 cuillère à soupe d'huile d'olive restante dans une grande poêle à feu moyen-élevé.

5. Ajouter l'aiglefin et saisir de chaque côté pendant 4 à 5 minutes, ou jusqu'à ce que la chair soit opaque et qu'elle se défasse facilement.

6. Transférer le poisson dans une assiette et servir garni de betteraves rôties.

<u>Informations nutritionnelles :</u> calories : 343 ; matière grasse : 8,8 g ; protéine : 38,1 g ; glucides : 20,9 g

; fibre : 4,0 g ; sucre : 11,5 g ; sodium : 540mg

Portions de fondant de thon sincère : 4

Ingrédients:

3 onces fromage cheddar allégé râpé

1/3 c. Céleri rapé

Poivre noir et sel

c. oignon haché

2 muffins anglais au blé entier

6 onces. thon blanc égoutté

c. faible en gras russe

Les directions:

1. Préchauffer le gril. Mélanger le thon, le céleri, l'oignon et la vinaigrette.

2. Assaisonner de sel et de poivre.

3. Faire griller des moitiés de muffins anglais.

4. Placer le côté fendu vers le haut sur une plaque à pâtisserie et garnir chacun de 1/4 du mélange de thon.

5. Faire griller 2-3 minutes ou jusqu'à ce que le tout soit bien chaud.

6. Garnir de fromage et remettre au gril jusqu'à ce que le fromage soit fondu, environ 1 minute de plus.

Informations nutritionnelles : Calories : 320, Lipides : 16,7 g, Glucides : 17,1 g, Protéines : 25,7

g, Sucres:5,85 g, Sodium:832 mg

Saumon au citron avec citron vert kaffir

Portions : 8

Ingrédients:

1 tige de citronnelle coupée en quartiers et meurtrie

2 feuilles de citron vert kaffir déchirées

1 citron émincé

1 ½ c. feuilles de coriandre fraîche

1 filet de saumon entier

Les directions:

1. Préchauffer le four à 350°F.

2. Couvrir un plat allant au four avec des feuilles de papier d'aluminium, en chevauchant les côtés 3. Placer le saumon sur le papier d'aluminium, garnir du citron, des feuilles de citron vert, de la citronnelle et de 1 tasse de feuilles de coriandre. Option : assaisonner de sel et de poivre.

4. Ramenez le côté long de la feuille au centre avant de plier le sceau.

Rouler les extrémités pour refermer le saumon.

5. Cuire au four pendant 30 minutes.

6. Transférez le poisson cuit dans un plat. Garnir de coriandre fraîche.

Servir avec du riz blanc ou brun.

<u>Informations nutritionnelles :</u> Calories : 103, Lipides : 11,8 g, Glucides : 43,5 g, Protéines : 18 g, Sucres : 0,7 g, Sodium : 322 mg

Tendres Saumon Sauce Moutarde Portions : 2

Ingrédients:

5 cuillères à soupe. Aneth haché

2/3 ch. crème aigre

Poivre.

2 cuillères à soupe. Moutarde de Dijon

1 c. poudre d'ail

5 onces filets de saumon

2-3 cuillères à soupe. Jus de citron

Les directions:

1. Mélanger la crème sure, la moutarde, le jus de citron et l'aneth.

2. Assaisonner les filets avec du poivre et de la poudre d'ail.

3. Disposer le saumon sur une plaque à pâtisserie côté peau vers le bas et recouvrir de la sauce à la moutarde préparée.

4. Cuire au four pendant 20 minutes à 390 °F.

<u>Informations nutritionnelles :</u> Calories : 318, Lipides : 12 g, Glucides : 8 g, Protéines : 40,9 g, Sucres : 909,4 g, Sodium : 1,4 mg

Portions de salade de crabe : 4

Ingrédients:

2 ch. la chair de crabe

1 ch. tomates cerises coupées en deux

1 cuillère à soupe. huile d'olive

Poivre noir

1 échalote hachée

1/3 c. coriandre hachée

1 cuillère à soupe. jus de citron

Les directions:

1. Dans un bol, mélanger le crabe avec les tomates et les autres ingrédients, mélanger et servir.

<u>Informations nutritionnelles :</u> Calories : 54, Lipides : 3,9 g, Glucides : 2,6 g, Protéines : 2,3 g, Sucres : 2,3 g, Sodium : 462,5 mg

Saumon au four avec sauce miso Portions : 4

Temps de cuisson : 15 à 20 minutes

Ingrédients:

Sauce:

¼ tasse de cidre de pomme

tasse de miso blanc

1 cuillère à soupe d'huile d'olive

1 cuillère à soupe de vinaigre de riz blanc

cuillère à café de gingembre moulu

4 (3 à 4 onces / 85 à 113 g) filets de saumon désossés 1 oignon vert tranché, pour la garniture

cuillère à café de flocons de piment rouge, pour la garniture

Les directions:

1. Préchauffer le four à 375 ºF (190 ºC).

2. Préparez la sauce : Fouettez ensemble le cidre de pomme, le miso blanc, l'huile d'olive, le vinaigre de riz, le gingembre dans un petit bol. Ajouter un peu d'eau si une consistance plus fluide est souhaitée.

3. Disposer les filets de saumon dans un plat allant au four, côté peau vers le bas. Verser la sauce préparée sur les filets pour enrober uniformément.

4. Cuire au four préchauffé pendant 15 à 20 minutes, ou jusqu'à ce que le poisson se défasse facilement à la fourchette.

5. Garnir d'oignons verts tranchés et de flocons de piment rouge et servir.

Informations nutritionnelles : calories : 466 ; matière grasse : 18,4 g ; protéines : 67,5 g ; glucides: 9.1g

; fibre : 1,0 g ; sucre : 2,7 g ; sodium : 819 mg

Morue au four enrobée d'herbes et miel

Portions : 2

Ingrédients:

6 cuillères à soupe. Farce aux herbes

8 onces filets de cabillaud

2 cuillères à soupe. Mon chéri

Les directions:

1. Préchauffez votre four à 375 0F.

2. Vaporiser légèrement un plat allant au four avec un aérosol de cuisson.

3. Mettez la farce aux herbes dans un sac et fermez. Écraser la farce jusqu'à ce qu'elle devienne friable.

4. Enduisez les poissons de miel et débarrassez-vous du miel restant.

Ajouter un filet dans le sac de farce et secouer doucement pour enrober complètement le poisson.

5. Transférez la morue dans le plat allant au four et répétez le processus pour le deuxième poisson.

6. Enveloppez les filets de papier d'aluminium et faites cuire jusqu'à ce qu'ils soient fermes et opaques lorsque vous testez avec la pointe d'une lame de couteau, environ dix minutes.

7. Servir chaud.

<u>Informations nutritionnelles :</u> Calories : 185, Lipides : 1 g, Glucides : 23 g, Protéines : 21 g, Sucres : 2 g, Sodium : 144,3 mg

Portions de mélange de morue au parmesan : 4

Ingrédients:

1 cuillère à soupe. jus de citron

½ c. oignon vert haché

4 filets de cabillaud désossés

3 gousses d'ail hachées

1 cuillère à soupe. huile d'olive

½ c. fromage parmesan râpé faible en gras

Les directions:

1. Faites chauffer une poêle avec l'huile à feu moyen, ajoutez l'ail et les oignons verts, remuez et faites sauter pendant 5 minutes.

2. Ajouter le poisson et le cuire 4 minutes de chaque côté.

3. Ajoutez le jus de citron, saupoudrez de parmesan dessus, faites cuire le tout 2 minutes de plus, répartissez dans les assiettes et servez.

<u>Informations nutritionnelles :</u> Calories : 275, Lipides : 22,1 g, Glucides : 18,2 g, Protéines : 12 g, Sucres : 0,34 g, Sodium : 285,4 mg

Portions de crevettes croustillantes à l'ail : 4

Temps de cuisson : 10 minutes

Ingrédients:

1 lb de crevettes, décortiquées et déveinées

2 cuillères à café d'ail en poudre

Poivre à goûter

¼ tasse de farine

Aérosol de cuisson

Les directions:

1. Assaisonner les crevettes avec de la poudre d'ail et du poivre.

2. Enrober de farine.

3. Vaporisez d'huile le panier de votre friteuse à air.

4. Ajoutez les crevettes dans le panier de la friteuse à air.

5. Cuire à 400 degrés F pendant 10 minutes, en secouant une fois à mi-cuisson.

Portions de mélange de bar crémeux : 4

Ingrédients:

1 cuillère à soupe. persil haché

2 cuillères à soupe. huile d'avocat

1 ch. creme de noix de coco

1 cuillère à soupe. jus de citron vert

1 oignon jaune haché

c. poivre noir

4 filets de bar désossés

Les directions:

1. Faire chauffer une poêle avec l'huile à feu moyen, ajouter l'oignon, mélanger et faire revenir 2 minutes.

2. Ajouter le poisson et le cuire 4 minutes de chaque côté.

3. Ajouter le reste des ingrédients, cuire le tout 4 minutes de plus, répartir dans les assiettes et servir.

Informations nutritionnelles : Calories : 283, Lipides : 12,3 g, Glucides : 12,5 g, Protéines : 8 g, Sucres : 6 g, Sodium : 508,8 mg

Portions de concombre Ahi Poke: 4

Temps de cuisson : 0 minutes

Ingrédients:

Ahi Poké :

1 livre (454 g) de thon ahi de qualité sushi, coupé en cubes de 1 pouce 3 cuillères à soupe d'aminos à la noix de coco

3 oignons verts, tranchés finement

1 piment serrano, épépiné et émincé (facultatif) 1 cuillère à café d'huile d'olive

1 cuillère à café de vinaigre de riz

1 cuillère à café de graines de sésame grillées

Pincée de gingembre moulu

1 gros avocat, coupé en dés

1 concombre, tranché en rondelles de ½ pouce d'épaisseur <u>Les directions:</u>

1. Préparez le poke ahi : mélangez les cubes de thon ahi avec les aminos à la noix de coco, les oignons verts, le piment serrano (si désiré), l'huile d'olive, le vinaigre, les graines de sésame et le gingembre dans un grand bol.

2. Couvrir le bol d'une pellicule plastique et laisser mariner au réfrigérateur pendant 15

minutes.

3. Ajoutez l'avocat coupé en dés dans le bol d'ahi poke et remuez pour l'incorporer.

4. Disposer les rondelles de concombre sur une assiette de service. Verser le poke ahi sur le concombre et servir.

<u>Informations nutritionnelles :</u> calories : 213 ; matière grasse : 15,1 g ; protéines : 10,1 g ; glucides : 10,8 g ; fibre : 4,0 g ; sucre : 0,6 g ; sodium : 70 mg

Portions de mélange de morue à la menthe : 4

Ingrédients:

4 filets de cabillaud désossés

½ c. bouillon de poulet pauvre en sodium

2 cuillères à soupe. huile d'olive

c. poivre noir

1 cuillère à soupe. menthe hachée

1 cuillère à café. Zeste de citron râpé

c. échalote hachée

1 cuillère à soupe. jus de citron

Les directions:

1. Faites chauffer une poêle avec l'huile à feu moyen, ajoutez les échalotes, remuez et faites revenir 5 minutes.

2. Ajouter la morue, le jus de citron et les autres ingrédients, porter à ébullition et cuire à feu moyen pendant 12 minutes.

3. Répartir le tout dans les assiettes et servir.

<u>Informations nutritionnelles :</u> Calories : 160, Lipides : 8,1 g, Glucides : 2 g, Protéines : 20,5 g, Sucres : 8 g, Sodium : 45 mg

Portions de tilapia citronné et crémeux : 4

Ingrédients:

2 cuillères à soupe. Coriandre fraîche hachée

c. mayonnaise allégée

Poivre noir fraichement moulu

c. jus de citron frais

4 filets de tilapia

½ c. parmesan râpé allégé

½ c. poudre d'ail

Les directions:

1. Dans un bol, mélanger tous les ingrédients sauf les filets de tilapia et la coriandre.

2. Enrober les filets du mélange de mayonnaise uniformément.

3. Placer les filets sur une grande feuille de papier d'aluminium. Enroulez le papier d'aluminium autour des filets pour les sceller.

4. Disposez le sachet de papier d'aluminium au fond d'une grande mijoteuse.

5. Réglez la mijoteuse à basse température.

6. Couvrir et cuire pendant 3-4 heures.

7. Servir avec la garniture de coriandre.

Informations nutritionnelles : Calories : 133,6, Lipides : 2,4 g, Glucides : 4,6 g, Protéines : 22 g, Sucres : 0,9 g, Sodium : 510,4 mg

Portions de tacos au poisson : 4

Temps de cuisson : 20 minutes

Ingrédients:

Aérosol de cuisson

1 cuillère à soupe d'huile d'olive

4 tasses de salade de chou

1 cuillère à soupe de vinaigre de cidre de pomme

1 cuillère à soupe de jus de citron vert

Pincée de poivre de cayenne

Poivre à goûter

2 cuillères à soupe de mélange d'assaisonnement pour tacos

¼ tasse de farine tout usage

1 lb de filet de morue, coupé en cubes

4 tortillas de maïs

Les directions:

1. Préchauffez votre friteuse à air à 400 degrés F.

2. Vaporisez d'huile le panier de votre friteuse à air.

3. Dans un bol, mélanger l'huile d'olive, la salade de chou, le vinaigre, le jus de lime, le poivre de Cayenne et le poivre.

4. Dans un autre bol, mélanger l'assaisonnement à tacos et la farine.

5. Enrober les cubes de poisson du mélange d'assaisonnement pour tacos.

6. Ajoutez-les au panier de la friteuse à air.

7. Faire frire à l'air pendant 10 minutes, en secouant à mi-cuisson.

8. Garnir les tortillas de maïs du mélange de poisson et de salade de chou et les rouler.

Portions de mélange de bar au gingembre : 4

Ingrédients:

4 filets de bar désossés

2 cuillères à soupe. huile d'olive

1 c. gingembre râpé

1 cuillère à soupe. coriandre hachée

Poivre noir

1 cuillère à soupe. vinaigre balsamique

Les directions:

1. Faites chauffer une poêle avec l'huile à feu moyen, ajoutez le poisson et faites cuire 5 minutes de chaque côté.

2. Ajoutez le reste des ingrédients, faites cuire le tout encore 5 minutes, répartissez le tout dans les assiettes et servez.

Informations nutritionnelles : Calories : 267, Lipides : 11,2 g, Glucides : 1,5 g, Protéines : 23 g, Sucres : 0,78 g, Sodium : 321,2 mg

Portions de crevettes à la noix de coco : 4

Temps de cuisson : 6 minutes

Ingrédients:

2 oeufs

1 tasse de noix de coco séchée non sucrée

¼ tasse de farine de noix de coco

cuillère à café de paprika

Piment de Cayenne

½ cuillère à café de sel de mer

Dash poivre noir fraîchement moulu

¼ tasse d'huile de noix de coco

1 livre (454 g) de crevettes crues, décortiquées, déveinées et épongées <u>Les directions:</u>

1. Battre les œufs dans un petit bol peu profond jusqu'à ce qu'ils soient mousseux. Mettre de côté.

2. Dans un bol séparé, mélanger la noix de coco, la farine de noix de coco, le paprika, le poivre de Cayenne, le sel de mer et le poivre noir, et remuer jusqu'à ce qu'ils soient bien incorporés.

3. Tremper les crevettes dans les œufs battus, puis enrober les crevettes dans le mélange de noix de coco. Secouez tout excès.

4. Faites chauffer l'huile de noix de coco dans une grande poêle à feu moyen-élevé.

5. Ajouter les crevettes et cuire de 3 à 6 minutes, en remuant de temps en temps, ou jusqu'à ce que la chair soit totalement rose et opaque.

6. Transférer les crevettes cuites dans une assiette recouverte de papier absorbant pour les égoutter. Servir chaud.

Informations nutritionnelles : calories : 278 ; matière grasse : 1,9 g ; protéines : 19,2 g ; glucides : 5,8 g ; fibre : 3.1g ; sucre : 2,3 g ; sodium : 556 mg

Portions de porc à la courge à la muscade : 4

Temps de cuisson : 35 minutes

Ingrédients:

1 livre de viande de porc à ragoût, en cubes

1 courge musquée, pelée et coupée en cubes

1 oignon jaune, haché

2 cuillères à soupe d'huile d'olive

2 gousses d'ail, hachées

½ cuillère à café de garam masala

½ cuillère à café de muscade, moulue

1 cuillère à café de flocons de chili, écrasés

1 cuillère à soupe de vinaigre balsamique

Une pincée de sel de mer et de poivre noir

Les directions:

1. Faire chauffer une poêle avec l'huile à feu moyen-vif, ajouter l'oignon et l'ail et faire revenir 5 minutes.

2. Ajouter la viande et faire revenir 5 minutes supplémentaires.

3. Ajouter le reste des ingrédients, mélanger, cuire à feu moyen pendant 25 minutes, répartir dans les assiettes et servir.

Informations nutritionnelles : calories 348, lipides 18,2, fibres 2,1, glucides 11,4, protéines 34,3

Portions de biscuits farcis pour le petit-déjeuner : 10

Temps de cuisson : 30 minutes

Ingrédients:

1 cuillère à soupe d'huile végétale

¼ lb de saucisse de dinde

2 œufs battus

Poivre à goûter

10 oz. biscuits réfrigérés

Aérosol de cuisson

Les directions:

1. Dans une poêle à feu moyen, verser l'huile et cuire le saucisson pendant 5 minutes.

2. Transférer dans un bol et réserver.

3. Cuire les œufs dans la poêle et assaisonner de poivre.

4. Ajoutez les œufs dans le bol avec la saucisse.

5. Disposez la pâte à biscuits dans la friteuse à air.

6. Garnir chacun avec le mélange d'œufs et de saucisses.

7. Pliez et scellez.

8. Vaporisez de l'huile.

9. Cuire dans la friteuse à air à 325 degrés F pendant 8 minutes.

10. Retourner et cuire encore 7 minutes.

Portions de patates douces farcies aux œufs : 1

Temps de cuisson : 25 minutes

Ingrédients:

Patate douce, cuite – 1

Oeufs, gros – 2

Fromage cheddar, râpé – 2 cuillères à soupe

Oignon vert, tranché – 1

Huile d'olive extra vierge – 0,5 cuillère à soupe

Champignon de Paris, en dés – 2

Sel de mer – 0,25 cuillère à café

Les directions:

1. Réchauffez votre four à 350 degrés Fahrenheit et préparez une petite plaque à pâtisserie ou un plat pour les pommes de terre.

2. Coupez la patate douce cuite en deux et placez-les sur la plaque à pâtisserie. À l'aide d'une cuillère, retirez délicatement la chair orange de la pomme de terre de la pelure, en prenant soin de laisser la pelure intacte

sans la casser. Transférer la chair de la pomme de terre dans un petit bol. Utilisez une fourchette pour écraser la chair de la patate douce dans le bol.

3. Dans la patate douce dans le bol, ajouter le fromage cheddar, l'oignon vert, l'huile d'olive et les champignons. Mélanger le mélange, puis le remettre dans la pelure de patate douce sur la plaque à pâtisserie.

4. Utilisez votre cuillère pour créer un cratère ou un puits au centre de chaque moitié de pomme de terre, puis cassez un œuf dans chaque cratère. Saupoudrez votre sel de mer sur la patate douce et l'œuf.

5. Placez la plaque à pâtisserie avec les pommes de terre dans le four et laissez-les cuire jusqu'à ce que l'œuf soit réglé selon vos préférences et que la pomme de terre soit chaude, environ quinze à vingt minutes. Sortez la plaque du four et dégustez-les frais et chauds.

Portions d'avoine pendant la nuit sans cuisson : 1

Ingrédients:

1 ½ c. lait faible en gras

5 morceaux d'amandes entières

1 c. graines de chia

2 cuillères à soupe. Avoine

1 c. graines de tournesol

1 cuillère à soupe. Craisins

Les directions:

1. Dans un bocal ou une bouteille Mason avec bouchon, mélanger tous les ingrédients.

2. Réfrigérer pendant la nuit.

3. Profitez pour le petit déjeuner. Se conserve au réfrigérateur jusqu'à 3 jours.

Informations nutritionnelles : Calories : 271, Lipides :9,8 g, Glucides :35,4 g, Protéines :16,7 g, Sucres : 9 g, Sodium : 97 mg

Portions de bols crémeux de patates douces : 2

Temps de cuisson : 7 minutes

Ingrédients:

Patate douce, au four – 2

Lait d'amande, non sucré – 0,5 tasse

Cannelle moulue – 0,25 cuillère à café

Extrait de vanille – 0,5 cuillère à café

Graines de lin moulues – 1 cuillère à soupe

Pâte de dattes – 1 cuillère à soupe

Beurre d'amande - 2 cuillères à soupe

Bleuets – 0,5 tasse

Les directions:

1. Vous voulez que vos patates douces rôties soient chaudes, donc si elles ont déjà été rôties et réfrigérées, réchauffez les patates douces cuites au micro-ondes ou au four avant de préparer vos bols.

2. Retirez la peau de patate douce et placez la chair de la pomme de terre dans un mélangeur avec tous les autres ingrédients du bol de patate douce,

à l'exception des myrtilles. Mélangez jusqu'à consistance lisse et crémeuse, environ trente secondes, puis transférez le contenu dans un grand bol. Garnir le bol avec les myrtilles et, si vous le souhaitez, un peu de lait d'amande supplémentaire. Vous pouvez même ajouter du granola, des noix ou des graines, si vous souhaitez un croquant.

Portions de chocolat au curcuma : 2

Temps de cuisson : 5 minutes

Ingrédients:

1 tasse de lait de coco, non sucré

2 cuillères à café d'huile de noix de coco, fondue

1½ cuillères à soupe de cacao en poudre

1 cuillère à café de curcuma moulu

Une pincée de poivre noir

Une pincée de poivre de cayenne

2 cuillères à café de miel brut

Les directions:

1. Mettez le lait dans une casserole, faites-le chauffer à feu moyen, ajoutez l'huile, la poudre de cacao, le curcuma, le poivre noir, le cayenne et le miel. Bien fouetter, cuire 5 minutes, verser dans une tasse et servir.

2. Profitez-en !

Informations nutritionnelles : calories 281, lipides 12, fibres 4, glucides 12, protéines 7

Portions d'œufs énergétiques rapides et épicés : 1

Temps de cuisson : 3 minutes

Ingrédients:

1 cuillère à soupe de lait

1 cuillère à café de beurre fondu

2 œufs

Une pincée d'herbes et d'épices : aneth séché, origan séché, persil séché, thym séché et poudre d'ail

Les directions:

1. Préchauffez votre four à 325 °F. Pendant ce temps, nappez le fond d'une plaque allant au four avec le lait et le beurre.

2. Casser les œufs doucement sur la couche de lait et de beurre. Saupoudrer les œufs d'herbes séchées et d'ail en poudre.

3. Mettez le plateau dans le four. Cuire au four pendant 3 minutes ou jusqu'à ce que les œufs soient cuits.

Informations nutritionnelles : Calories 177 Lipides : 5,9 g Protéines : 8,8 g Sodium : 157 mg Glucides totaux : 22,8 g Fibres alimentaires : 0,7 g

Portions de soufflés au cheddar et à la ciboulette : 8

Temps de cuisson : 25 minutes

Ingrédients:

½ tasse de farine d'amande

¼ tasse de ciboulette hachée

1 cuillère à café de sel

½ cuillère à café de gomme xanthane

1 cc de moutarde moulue

cc de poivre de cayenne

½ cuillère à café de poivre noir concassé

¾ tasse de crème épaisse

2 tasses de fromage cheddar râpé

½ tasse de levure chimique

6 œufs bio, séparés

Les directions:

1. Allumez le four, puis réglez sa température à 350 °F et laissez-le préchauffer.

2. Prenez un bol moyen, ajoutez-y la farine, ajoutez le reste des ingrédients, à l'exception de la poudre à pâte et des œufs, et fouettez jusqu'à ce que le tout soit homogène.

3. Séparez les jaunes d'œufs et les blancs d'œufs dans deux bols, ajoutez les jaunes d'œufs dans le mélange de farine et fouettez jusqu'à incorporation.

4. Ajouter la poudre à pâte dans les blancs d'œufs et battre avec un batteur électrique jusqu'à formation de pics fermes, puis incorporer les blancs d'œufs au mélange de farine jusqu'à ce qu'ils soient bien mélangés.

5. Répartir la pâte uniformément entre huit ramequins, puis cuire au four pendant 25 minutes jusqu'à cuisson complète.

6. Servir immédiatement ou conserver au réfrigérateur jusqu'au moment de manger.

<u>Informations nutritionnelles :</u> Calories 288, Total Lipides 21g, Total Glucides 3g, Protéines 14g

Crêpes de sarrasin au lait d'amande vanille

Portions : 1

Ingrédients:

½ c. lait d'amande vanille non sucré

2-4 sachets d'édulcorant naturel

1/8 c. sel

½ tasse de farine de sarrasin

½ c. levure chimique à double effet

Les directions:

1. Préparez une crêpière antiadhésive et vaporisez-la d'un enduit à cuisson, placez-la sur feu moyen.

2. Fouetter ensemble la farine de sarrasin, le sel, la levure chimique et la stévia dans un petit bol et incorporer ensuite le lait d'amande.

3. Sur la poêle, verser une grande cuillerée de pâte, cuire jusqu'à ce que les bulles n'apparaissent plus à la surface et que toute la surface ait l'air sèche

et (2-4 minutes). Retourner et cuire encore 2 à 4 minutes. Répétez avec toute la pâte restante.

Informations nutritionnelles : Calories : 240, Lipides : 4,5 g, Glucides : 2 g, Protéines : 11 g, Sucres : 17 g, Sodium : 67 mg

Portions de coquetiers aux épinards et à la féta : 3

Temps de cuisson : 25 minutes

Ingrédients:

Oeufs, gros – 6

Poivre noir, moulu – 0,125 cuillère à café

Poudre d'oignon - 0,25 cuillère à café

Poudre d'ail – 0,25 cuillère à café

Fromage feta – 0,33 tasse

Bébés épinards – 1,5 tasse

Sel de mer – 0,25 cuillère à café

Les directions:

1. Réchauffez votre four à 350 degrés Fahrenheit, placez la grille au centre du four et graissez un moule à muffins.

2. Répartir vos bébés épinards et fromage feta dans le fond des douze moules à muffins.

3. Dans un bol, fouetter ensemble les œufs, le sel de mer, la poudre d'ail, la poudre d'oignon et le poivre noir jusqu'à ce que le blanc d'œuf soit complètement décomposé en jaune. Verser l'œuf sur les épinards et le fromage dans les moules à muffins, en remplissant les moules aux trois quarts. Placez le moule au four jusqu'à ce que les œufs soient complètement cuits, environ dix-huit à vingt minutes.

4. Sortez les coquetiers aux épinards et à la feta du four et servez chaud ou laissez les œufs refroidir complètement à température ambiante avant de les réfrigérer.

Portions de Frittata pour le petit-déjeuner : 2

Temps de cuisson : 20 minutes

Ingrédients:

1 oignon, haché

2 cuillères à soupe de poivron rouge, haché

¼ lb de saucisse de dinde à déjeuner, cuite et émiettée 3 œufs, battus

Pincée de poivre de cayenne

Les directions:

1. Mélangez tous les ingrédients dans un bol.

2. Verser dans un petit plat allant au four.

3. Ajoutez le plat de cuisson au panier de la friteuse à air.

4. Cuire dans la friteuse à air pendant 20 minutes.

Portions de bols de burrito au poulet et au quinoa : 6

Temps de cuisson : 5 heures

Ingrédients:

1 lb de cuisses de poulet (sans peau, sans os)

1 tasse de bouillon de poulet

1 peut avoir des tomates en dés (14,5 oz)

1 oignon (haché)

3 gousses d'ail (hachées)

2 cuillères à café de poudre de chili

½ cuillère à café de coriandre

½ cuillère à café d'ail en poudre

1 poivron (finement haché)

15 oz de haricots pinto (égouttés)

1 ½ tasse de fromage cheddar (râpé)

Les directions:

1. Mélanger le poulet, les tomates, le bouillon, l'oignon, l'ail, la poudre de chili, la poudre d'ail, la coriandre et le sel. Réglez la cuisinière sur feu doux.

2. Retirez le poulet et déchiquetez-le en morceaux avec une fourchette et un couteau.

3. Remettre le poulet dans la mijoteuse et ajouter le quinoa et les haricots pinto.

4. Réglez la cuisinière à feu doux pendant 2 heures.

5. Ajouter le fromage sur le dessus et continuer à cuire en remuant doucement jusqu'à ce que le fromage fonde.

6. Servir.

Informations nutritionnelles : Calories 144 mg Lipides totaux : 39 g Glucides : 68 g Protéines : 59 g Sucre : 8 g Fibres 17 g Sodium : 756 mg Cholestérol : 144 mg

Avo Toast Avec Oeuf Portions: 3

Temps de cuisson : 0 minutes

Ingrédients:

1½ cuillère à café de ghee

Pain 1 tranche, sans gluten et grillé

½ avocat, tranché finement

Une poignée d'épinards

1 oeuf brouillé ou poché

Une pincée de flocons de piment rouge

Les directions:

1. Étalez le ghee sur le pain grillé. Garnir avec les tranches d'avocat et les feuilles d'épinards. Déposez dessus un œuf brouillé ou poché. Terminez la garniture par une pincée de flocons de piment rouge.

<u>Informations nutritionnelles :</u> Calories 540 Lipides : 18 g Protéines : 27 g Sodium : 25 mg Glucides totaux : 73,5 g Fibres alimentaires : 6 g

Portions d'avoine aux amandes : 2

Temps de cuisson : 0 minutes

Ingrédients:

1 tasse de flocons d'avoine à l'ancienne

½ tasse de lait de coco

1 cuillère à soupe de sirop d'érable

¼ tasse de bleuets

3 cuillères à soupe d'amandes hachées

Les directions:

1. Dans un bol, mélanger les flocons d'avoine avec le lait de coco, le sirop d'érable et les amandes. Couvrir et laisser reposer toute la nuit. Servir le lendemain.

2. Profitez-en !

Informations nutritionnelles : calories 255, lipides 9, fibres 6, glucides 39, protéines 7

Portions de crêpes choco-nana : 2

Temps de cuisson : 6 minutes

Ingrédients:

2 grosses bananes, pelées et écrasées

2 gros œufs, élevés au pâturage

3 cuillères à soupe de poudre de cacao

2 cuillères à soupe de beurre d'amande

1 cuillère à café d'extrait de vanille pur

1/8 cuillère à café de sel

Huile de coco pour graisser

Les directions:

1. Préchauffer une poêle à feu moyen-doux et graisser la poêle avec de l'huile de noix de coco.

2. Placer tous les ingrédients dans un robot culinaire et mélanger jusqu'à consistance lisse.

3. Versez une pâte (environ ¼ tasse) sur la poêle et formez une crêpe.

4. Cuire 3 minutes de chaque côté.

Informations nutritionnelles : Calories 303Matières grasses totales 17g Graisses saturées 4gGlucides totaux 36gGlucides nets 29gProtéines 5gSucre : 15gFibres : 5gSodium : 108mgPotassium 549mg

Portions de barres d'avoine aux patates douces : 6

Temps de cuisson : 35 minutes

Ingrédients:

Patate douce, cuite, en purée – 1 tasse

Lait d'amande, non sucré - 0,75 tasse

Œuf – 1

Pâte de dattes – 1,5 cuillères à soupe

Extrait de vanille – 1,5 cuillères à café

Bicarbonate de soude - 1 cuillère à café

Cannelle moulue – 1 cuillère à café

Clous de girofle moulus – 0,25 cuillère à café

Noix de muscade, moulue – 0,5 cuillère à café

Gingembre moulu – 0,5 cuillère à café

Graines de lin moulues – 2 cuillères à soupe

Poudre de protéine – 1 portion

Farine de noix de coco – 0,25 tasse

Farine d'avoine - 1 tasse

Noix de coco séchée, non sucrée – 0,25 tasse

Noix de pécan, hachées – 0,25 tasse

Les directions:

1. Réchauffez le four à 375 degrés Fahrenheit et tapissez un plat de cuisson carré de huit pouces sur huit de papier parchemin. Vous voulez laisser du papier parchemin sur les côtés du moule pour le soulever une fois que les barres sont cuites.

2. Dans votre mélangeur sur socle, ajoutez tous les ingrédients des barres d'avoine et de patates douces, à l'exception de la noix de coco séchée et des pacanes hachées.

Laissez le mélange pulser pendant quelques instants jusqu'à ce que le mélange soit lisse, puis arrêtez le mélangeur. Vous devrez peut-être racler les côtés du mélangeur, puis mélanger à nouveau.

3. Versez la noix de coco et les pacanes dans la pâte puis mélangez-les avec une spatule. Ne mélangez pas à nouveau le mélange, car vous ne voulez pas que ces morceaux soient mélangés. Versez le mélange de barres d'avoine et de patates douces dans votre moule préparé et étalez-le.

4. Placez votre plat de barre d'avoine à la patate douce au milieu de votre four et laissez-le cuire jusqu'à ce que les barres soient cuites, environ vingt-deux

à vingt-cinq minutes. Retirez le plat du four. Placez une grille de refroidissement à côté du plat de cuisson, puis faites doucement vivre le parchemin de cuisine par le surplomb et soulevez-le délicatement du plat et sur la grille pour qu'il refroidisse. Laissez les barres d'avoine et de patates douces refroidir complètement avant de les trancher.

Portions de pommes de terre rissolées faciles :

3

Temps de cuisson : 35 minutes

Ingrédients:

pommes de terre rissolées râpées, congelées – 1 livre

Oeufs – 2

Sel de mer – 0,5 cuillère à café

Poudre d'ail - 0,5 cuillère à café

Poudre d'oignon - 0,5 cuillère à café

Poivre noir, moulu – 0,125 cuillère à café

Huile d'olive extra vierge - 1 cuillère à soupe

Les directions:

1. Commencez par réchauffer votre gaufrier.

2. Dans un bol de cuisine, fouetter ensemble les œufs pour les décomposer, puis ajouter le reste des ingrédients. Pliez-les tous ensemble jusqu'à ce que la pomme de terre soit uniformément enrobée par l'œuf et les assaisonnements.

3. Graissez votre gaufrier et étalez dessus un tiers du mélange de pommes de terre rissolées. Fermez-le et laissez cuire les pommes de terre à l'intérieur jusqu'à ce qu'elles soient dorées, environ douze à quinze minutes. Une fois en bas, retirez délicatement la pomme de terre rissolée à l'aide d'une fourchette puis poursuivez la cuisson d'un autre tiers du mélange puis du dernier tiers.

4. Vous pouvez conserver les pommes de terre rissolées cuites au réfrigérateur, puis les réchauffer dans le gaufrier ou au four pour les rendre à nouveau croustillantes plus tard.

Portions de frittata aux champignons et aux asperges : 1

Temps de cuisson:

Ingrédients:

Oeufs – 2

Pointes d'asperges – 5

Eau – 1 cuillère à soupe

Huile d'olive extra vierge - 1 cuillère à soupe

Champignons de Paris, tranchés – 3

Sel de mer – pincée

Oignon vert, haché – 1

Fromage de chèvre, demi-ferme – 2 cuillères à soupe

Les directions:

1. Réchauffez votre four sur la position gril pendant que vous préparez votre frittata. Préparez vos légumes, jetez l'extrémité dure des pointes d'asperges, puis coupez les pointes en morceaux de la taille d'une bouchée.

2. Graisser une poêle allant au four de sept à huit pouces et la placer à feu moyen. Ajoutez les champignons et laissez-les sauter pendant deux minutes avant d'ajouter les asperges et de cuire pendant deux minutes supplémentaires. Une fois la cuisson terminée, répartissez uniformément les légumes au fond de la casserole.

3. Dans un petit plat à mélanger de cuisine, fouettez ensemble les œufs, l'eau et le sel de mer, puis versez-le sur les légumes sautés. Saupoudrer l'oignon vert haché et le fromage de chèvre émietté sur le dessus de la frittata.

4. Laissez la poêle continuer à cuire sur la cuisinière de cette manière sans être dérangée jusqu'à ce que les œufs brouillés de la frittata commencent à prendre sur les bords et à se décoller des côtés de la poêle. Avec précaution, soulevez la casserole et tournez-la en mouvements circulaires doux pour que l'œuf cuise uniformément.

5. Transférez votre frittata au four, en faisant cuire sous la chaudière jusqu'à ce que l'œuf soit complètement cuit, encore deux à trois minutes. Gardez un œil sur l'œuf pour votre frittata, afin qu'il ne cuise pas trop. Dès que c'est fait, sortez-la du four, transférez la frittata dans une assiette et dégustez-la bien chaude.

Portions de casserole de pain doré à la mijoteuse : 9

Temps de cuisson : 4 heures

Ingrédients:

2 oeufs

2 blancs d'oeufs

1 ½ lait d'amande ou lait 1%

2 cuillères à soupe de miel brut

1/2 cuillère à café de cannelle

1 cc d'extrait de vanille

9 tranches de pain

Pour remplissage:

3 tasses de pommes (en dés)

2 cuillères à soupe de miel brut

1 cuillère à soupe de jus de citron

1/2 cuillère à café de cannelle

1/3 tasse de pacanes

Les directions:

1. Mettez les six premiers éléments dans un bol et mélangez.

2. Graisser la mijoteuse avec un aérosol de cuisson antiadhésif.

3. Mélanger tous les ingrédients de la garniture dans un petit bol et réserver. Bien enrober les morceaux de pomme dans la garniture.

4. Coupez les tranches de pain en deux (triangle), puis placez trois tranches de pomme au fond et un peu de lime par-dessus. Superposer les tranches de pain et la garniture selon le même motif.

5. Mettez la pâte aux œufs sur les couches de pain et de garniture.

6. Réglez la cuisinière à feu vif pendant 2 ½ heures ou à feu doux pendant 4 heures.

Informations nutritionnelles : Calories 227 Total Lipides : 7g Glucides : 34g Protéines : 9g Sucre : 19g Fibres 4g Sodium : 187 mg

Portions de dinde au thym et à la sauge : 4

Temps de cuisson : 25 minutes

Ingrédients:

1 lb de dinde hachée

½ cuillère à café de cannelle

½ cuillère à café d'ail en poudre

1 cuillère à café de romarin frais

1 cuillère à café de thym frais

1 cuillère à café de sel de mer

2 cuillères à café de sauge fraîche

2 cuillères à soupe d'huile de noix de coco

Les directions:

1. Incorporer tous les ingrédients, à l'exception de l'huile, dans un bol à mélanger.

Réfrigérer toute une nuit ou pendant 30 minutes.

2. Versez l'huile dans le mélange. Former le mélange en quatre galettes.

3. Dans une poêle légèrement graissée placée à feu moyen, cuire les galettes 5 minutes de chaque côté, ou jusqu'à ce que leurs parties centrales ne soient plus roses. Vous pouvez également les cuire en les faisant cuire au four pendant 25

minutes à 400°F.

<u>Informations nutritionnelles :</u> Calories 284 Lipides : 9,4 g Protéines : 14,2 g Sodium : 290 mg Glucides totaux : 36,9 g Fibres alimentaires : 0,7 g

Portions de smoothie aux cerises et aux épinards : 1

Temps de cuisson : 0 minutes

Ingrédients:

1 tasse de kéfir nature

1 tasse de cerises surgelées, dénoyautées

½ tasse de pousses d'épinards

¼ tasse d'avocat mûr en purée

1 cuillère à soupe de beurre d'amande

1 morceau de gingembre pelé (1/2 pouce)

1 cuillère à café de graines de chia

Les directions:

1. Placez tous les ingrédients dans un mélangeur. Pulser jusqu'à consistance lisse.

2. Laisser refroidir au réfrigérateur avant de servir.

<u>Informations nutritionnelles :</u> Calories 410 Total Lipides 20g Total Glucides 47g Glucides Nets 37g Protéines 17g Sucre 33g Fibres : 10g Sodium : 169mg

Portions de pommes de terre à déjeuner : 2

Temps de cuisson : 15 minutes

Ingrédients:

5 pommes de terre, coupées en cubes

1 cuillère à soupe d'huile

½ cuillère à café d'ail en poudre

¼ cuillère à café de poivre

½ cuillère à café de paprika fumé

Les directions:

1. Préchauffez votre friteuse à air à 400 degrés F pendant 5 minutes.

2. Mélanger les pommes de terre dans l'huile.

3. Assaisonner avec de la poudre d'ail, du poivre et du paprika.

4. Ajoutez les pommes de terre dans le panier de la friteuse à air.

5. Cuire dans la friteuse à air pendant 15 minutes.

Portions de flocons d'avoine instantanés à la banane : 1

Ingrédients:

1 banane mûre écrasée

½ c. l'eau

½ c. flocons d'avoine

Les directions:

1. Mesurez les flocons d'avoine et l'eau dans un bol allant au micro-ondes et mélangez.

2. Placer le bol au micro-ondes et chauffer à puissance élevée pendant 2 minutes.

3. Retirez le bol du micro-ondes et incorporez la purée de banane et dégustez-la.

<u>Informations nutritionnelles :</u> Calories : 243, Lipides : 3 g, Glucides : 50 g, Protéines : 6 g, Sucres : 20 g, Sodium : 30 mg

Portions de smoothie au beurre d'amande et à la banane : 1

Ingrédients:

1 cuillère à soupe. beurre d'amande

½ c. glaçons

½ c. épinards emballés

1 banane moyenne pelée et congelée

1 ch. lait écrémé

Les directions:

1. Dans un mélangeur puissant, mélanger tous les ingrédients jusqu'à consistance lisse et crémeuse.

2. Servez et dégustez.

<u>Informations nutritionnelles :</u> Calories: 293, Lipides:9,8 g, Glucides:42,5 g, Protéines:13,5 g, Sucres:12 g, Sodium:111 mg

Portions de barres énergétiques au chocolat et au chia sans cuisson : 14

Temps de cuisson : 0 minutes

Ingrédients:

1 ½ tasse de dattes emballées et dénoyautées

1/tasse de noix de coco râpée non sucrée

1 tasse de morceaux de noix crues

1/4 tasse (35 g) de poudre de cacao naturel

1/2 tasse (75 g) de graines de chia entières

1/2 tasse (70 g) de chocolat noir haché

1/2 tasse (50 g) de flocons d'avoine

1 cuillère à café d'extrait de vanille pure, facultatif, rehausse la saveur 1/4 cuillère à café de sel de mer non raffiné

Les directions:

1. Mixez les dattes dans un mélangeur jusqu'à formation d'une pâte épaisse.

2. Ajouter les noix et mélanger pour mélanger.

3. Mettez le reste de la fixation et mélangez jusqu'à formation d'une pâte épaisse.

4. Tapisser un moule rectangulaire recouvert de papier parchemin. Placez le mélange hermétiquement dans la casserole et placez-le directement dans tous les coins.

5. Placer au congélateur jusqu'à minuit, pendant au moins quelques heures.

6. Sortez de la poêle et coupez en 14 lanières.

7. Placer au réfrigérateur ou dans un contenant hermétique.

Informations nutritionnelles : Sucre 17 g Lipides : 12 g Calories : 234 Glucides : 28 g Protéines : 4,5 g

Portions de bol de petit-déjeuner aux graines de lin fruitées : 1

Temps de cuisson : 5 minutes

Ingrédients:

Pour la bouillie :

tasse de graines de lin, fraîchement moulues

¼ cuillère à café de cannelle, moulue

1 tasse de lait d'amande ou de coco

1 banane moyenne, en purée

Une pincée de sel de mer fin

Pour les garnitures :

Bleuets, frais ou décongelés

Noix, hachées crues

Sirop d'érable pur (facultatif)

Les directions:

1. Dans une casserole de taille moyenne placée à feu moyen, mélanger tous les ingrédients de la bouillie. Remuer constamment pendant 5 minutes, ou jusqu'à ce que la bouillie épaississe et arrive à ébullition.

2. Transférez la bouillie cuite dans un bol de service. Garnir avec les garnitures et verser un peu de sirop d'érable si vous le voulez un peu plus sucré.

<u>Informations nutritionnelles :</u> Calories 780 Lipides : 26 g Protéines : 39 g Sodium : 270 mg Glucides totaux : 117,5 g

Gruau pour le petit-déjeuner dans la mijoteuse

Portions : 8

Ingrédients:

4 ch. lait d'amande

2 sachets de stévia

2 ch. avoine coupée en acier

1/3 c. abricots secs hachés

4 ch. l'eau

1/3 c. Cerises séchées

1 c. cannelle

1/3 c. raisins secs

Les directions:

1. Dans une mijoteuse, bien mélanger tous les ingrédients.

2. Couvrir et régler à faible.

3. Cuire pendant 8 heures.

4. Vous pouvez régler cela la veille pour que le matin vous ayez le petit-déjeuner prêt.

<u>Informations nutritionnelles :</u> Calories : 158,5, Lipides : 2,9 g, Glucides : 28,3 g, Protéines : 4,8

g, Sucres :11 g, Sodium : 135 mg

Portions de pain Pumpernickel : 12

Temps de cuisson : 2 heures, 30 minutes

Ingrédients:

farine de Pumpernickel – 3 tasses

Farine de blé entier – 1 tasse

Farine de maïs - 0,5 tasse

Cacao en poudre – 1 cuillère à soupe

Levure sèche active – 1 cuillère à soupe

Graines de carvi – 2 cuillères à café

Sel de mer - 1,5 cuillères à café

Eau, tiède – 1,5 tasse, divisée

Pâte de dattes – 0,25 tasse, divisée

Huile d'avocat - 1 cuillère à soupe

Patates douces en purée – 1 tasse

Dorure aux œufs – 1 blanc d'œuf + 1 cuillère à soupe d'eau

Les directions:

1. Préparez un moule à pain de neuf pouces sur cinq en le recouvrant de papier sulfurisé, puis en le graissant légèrement.

2. Dans une casserole, mélangez une tasse de votre eau avec la semoule de maïs jusqu'à ce qu'elle soit chaude et épaisse, environ cinq minutes. Assurez-vous de continuer à remuer pendant qu'il chauffe pour éviter les grumeaux. Une fois épais, retirez la casserole du feu et incorporez votre pâte de dattes, la poudre de cacao, les graines de carvi et l'huile d'avocat. Mettez la casserole de côté jusqu'à ce que le contenu soit refroidi à tiède.

3. Ajoutez votre demi-tasse d'eau tiède restante dans un grand plat à mélanger avec la levure, en remuant jusqu'à ce que la levure soit dissoute. Laissez reposer ce mélange pour le pain pumpernickel pendant environ dix minutes jusqu'à ce qu'il ait fleuri et formé des bulles gonflées.

Ceci est mieux fait dans un endroit chaud.

4. Une fois que la levure a fleuri, ajoutez le mélange d'eau de semoule de maïs tiède dans le plat à mélanger, ainsi que la purée de patates douces.

Une fois que les liquides et la pomme de terre sont combinés, incorporer les farines de blé entier et de pumpernickel. Pétrir le mélange pendant dix minutes, de préférence avec un batteur sur socle et un crochet pétrisseur. La pâte est prête quand il forme une boule cohésive qui est lisse et s'éloigne des bords du plat de mélange.

5. Retirez le crochet pétrisseur et couvrez votre plat à mélanger avec du plastique de cuisine ou un torchon propre et humide. Placez le plat à mélanger de cuisine dans un endroit chaud pour qu'il lève jusqu'à ce que la pâte ait doublé de volume, soit environ une heure.

6. Réchauffez votre four à 375 degrés Fahrenheit pour préparer le pain.

7. Façonnez la pâte en une belle forme de bûche et placez-la dans votre moule à pain préparé. Fouettez ensemble votre dorure à l'œuf, puis utilisez un pinceau à pâtisserie pour le badigeonner légèrement sur le dessus de votre pain préparé. Si vous le souhaitez, utilisez un couteau bien aiguisé pour marquer le pain pour un motif décoratif.

8. Placez votre pain au milieu de votre four chaud et laissez-le cuire jusqu'à ce qu'il prenne une magnifique couleur sombre et lorsque vous frappez dessus, il produit un son creux, environ une heure. Retirez le pain pumpernickel du four et laissez-le refroidir dans le moule pendant cinq minutes avant de retirer le pain pumpernickel du moule et de transférer le pain sur une grille pour continuer à refroidir. Ne coupez pas le pain avant qu'il ne soit complètement refroidi.

Portions de pouding au chia à la noix de coco et à la framboise : 4

Temps de cuisson : 0 minutes

Ingrédients:

¼ tasse de graines de chia

½ cuillère à soupe de stévia

1 tasse de lait de coco, non sucré, entier

2 cuillères à soupe d'amandes

¼ tasse de framboises

Les directions:

1. Prenez un grand bol, ajoutez-y les graines de chia avec la stévia et le lait de coco, remuez jusqu'à ce que le mélange soit mélangé et réfrigérez pendant la nuit jusqu'à épaississement.

2. Sortez le pudding du réfrigérateur, garnissez-le d'amandes et de baies, puis servez.

Informations nutritionnelles : Calories 158, matières grasses totales 14,1 g, glucides totaux 6,5 g, protéines 2 g, sucre 3,6 g, sodium 16 mg

Portions de salade de petit-déjeuner le week-end : 4

Temps de cuisson : 0 minutes

Ingrédients:

Oeufs, quatre durs

Citron, un

Roquette, dix tasses

Quinoa, une tasse cuit et refroidi

Huile d'olive, deux cuillères à soupe

Aneth, haché, une demi-tasse

Amandes, hachées, une tasse

Avocat, une grosse tranche fine

Concombre, haché, une demi-tasse

Tomate, une grande coupe en quartiers

Les directions:

1. Mélangez le quinoa, le concombre, les tomates et la roquette. Mélangez légèrement ces ingrédients avec de l'huile d'olive, du sel et du poivre. Transférer et disposer l'œuf et l'avocat sur le dessus. Garnir chaque salade d'amandes et d'herbes. Arroser de jus de citron.

Informations nutritionnelles : Calories 336 lipides 7,7 grammes de protéines 12,3 grammes de glucides 54,6 grammes de sucre 5,5 grammes de fibres 5,2 grammes

Délicieux riz végétarien au fromage avec brocoli et chou-fleur

Portions : 2

Temps de cuisson : 7 minutes

Ingrédients:

½ tasse de fleurons de brocoli, en riz

1½ tasse de fleurons de chou-fleur, en riz

cc d'ail en poudre

cc de sel

¼ cuillère à café de poivre noir concassé

1/8 cuillère à café de muscade moulue

½ cuillère à soupe de beurre non salé

1/8 tasse de mascarpone

¼ tasse de cheddar fort râpé

Les directions:

1. Prenez un bol moyen résistant à la chaleur, ajoutez-y tous les ingrédients, à l'exception du mascarpone et du cheddar, et remuez jusqu'à ce que le tout soit mélangé.

2. Placez le bol dans un micro-ondes, micro-ondes à température élevée pendant 5 minutes, puis ajoutez le fromage et poursuivez la cuisson pendant 2 minutes.

3. Ajouter le fromage mascarpone dans le bol, remuer jusqu'à ce que le mélange soit crémeux et servir immédiatement.

Informations nutritionnelles : Calories 138, matières grasses totales 9,8 g, glucides totaux 6,6 g, protéines 7,5 g, sucre 2,4 g, sodium 442 mg

Portions de toasts méditerranéens : 2

Ingrédients:

1 ½ c. feta émiettée allégée

3 olives grecques tranchées

purée d'avocat

1 tranche de bon pain de blé entier

1 cuillère à soupe. Hummus aux poivrons rouges grillés

3 tomates cerises tranchées

1 œuf dur tranché

Les directions:

1. Tout d'abord, faites griller le pain et garnissez-le de ¼ d'avocat en purée et 1

à soupe de houmous.

2. Ajouter les tomates cerises, les olives, l'œuf dur et la feta.

3. Au goût, assaisonner de sel et de poivre.

Informations nutritionnelles : Calories : 333,7, Lipides :17 g, Glucides :33,3 g, Protéines :16,3 g, Sucres:1 g, Sodium:700 mg

Portions de salade de petit-déjeuner aux patates douces : 2

Temps de cuisson : 0 minutes

Ingrédients:

1 cuillère de poudre de protéine

¼ tasse de bleuets

¼ tasse de framboises

1 banane, pelée

1 patate douce, cuite au four, pelée et coupée en cubes

Les directions:

1. Mettez la pomme de terre dans un bol et écrasez-la avec une fourchette. Ajouter la banane et la poudre de protéine et bien mélanger le tout. Ajouter les baies, mélanger et servir froid.

2. Profitez-en !

<u>Informations nutritionnelles</u> : calories 181, lipides 1, fibres 6, glucides 8, protéines 11

Portions de tasses brunes au hachis de faux petit-déjeuner : 8

Ingrédients:

40 g d'oignon en dés

8 gros oeufs

7 ½ g d'ail en poudre

2 ½ g de poivre

170 g de fromage allégé râpé

170 g de patate douce râpée

2 ½ g de sel

Les directions:

1. Préchauffer le four à 400 0F et préparer un moule à muffins avec des moules.

2. Placer les patates douces râpées, les oignons, l'ail et les épices dans un bol et bien mélanger, avant de mettre une cuillerée dans chaque tasse. Ajouter un gros œuf sur chaque tasse et poursuivre la cuisson pendant 15 minutes jusqu'à ce que les œufs soient cuits.

3. Servir frais ou conserver.

<u>Informations nutritionnelles :</u> Calories : 143, Lipides : 9,1 g, Glucides : 6 g, Protéines : 9 g, Sucres : 0 g, Sodium : 290 mg

Portions d'omelette aux épinards et aux champignons : 2

Ingrédients:

2 cuillères à soupe. Huile d'olive

2 oeufs entiers

3 ch. épinards, frais

Aérosol de cuisson

10 petits champignons Bella tranchés

8 cuillères à soupe. Oignon rouge tranché

4 blancs d'oeufs

2 oz. fromage de chèvre

Les directions:

1. Placer une poêle à feu moyen-élevé et ajouter les olives.

2. Ajouter les oignons rouges tranchés dans la poêle et remuer jusqu'à ce qu'ils soient translucides.

Ensuite, ajoutez vos champignons dans la poêle et continuez à remuer jusqu'à ce qu'ils soient légèrement dorés.

3. Ajouter les épinards et remuer jusqu'à ce qu'ils flétrissent. Assaisonner avec un tout petit peu de poivre et de sel. Retirer du feu.

4. Vaporiser une petite casserole avec un aérosol de cuisson et placer à feu moyen.

5. Casser 2 œufs entiers dans un petit bol. Ajouter 4 blancs d'œufs et fouetter pour combiner.

6. Versez les œufs battus dans la petite poêle et laissez reposer le mélange pendant une minute.

7. Utilisez une spatule pour contourner doucement les bords de la poêle.

Soulevez la poêle et inclinez-la vers le bas et autour dans un style circulaire pour permettre aux œufs qui coulent d'atteindre le centre et de cuire sur les bords de la poêle.

8. Ajoutez du fromage de chèvre émietté sur un côté du dessus de l'omelette avec votre mélange de champignons.

9. Ensuite, repliez délicatement l'autre côté de l'omelette sur le côté champignon avec la spatule.

10. Laisser cuire trente secondes. Ensuite, transférez l'omelette dans une assiette.

Informations nutritionnelles : Calories : 412, Lipides : 29 g, Glucides : 18 g, Protéines : 25 g, Sucres : 7 g, Sodium : 1000 mg

Wraps de laitue avec poulet et légumes

Portions : 2

Temps de cuisson : 15 minutes

Ingrédients:

½ cuillère à soupe de beurre non salé

lb de poulet haché

1/8 tasse de courgettes, hachées

¼ poivron vert, épépiné et haché

1/8 tasse de courge jaune, hachée

¼ d'un oignon moyen, haché

½ cuillère à café d'ail émincé

Poivre noir fraîchement moulu, au goût

¼ cc de curry en poudre

½ cuillère à soupe de sauce soja

2 grandes feuilles de laitue

½ tasse de parmesan râpé

Les directions:

1. Prenez une poêle, placez-la sur feu moyen, ajoutez-y le beurre et le poulet, émiettez-la et faites cuire environ 5 minutes jusqu'à ce que le poulet ne soit plus rose.

2. Ajoutez ensuite les courgettes, le poivron, la courge, l'oignon et l'ail dans la poêle, remuez jusqu'à ce que le tout soit mélangé et laissez cuire pendant 5 minutes.

3. Assaisonnez ensuite de poivre noir et de poudre de curry, arrosez de sauce soja, remuez bien et poursuivez la cuisson 5 minutes, réservez jusqu'à ce que vous en ayez besoin.

4. Assembler les wraps et pour cela, répartir uniformément le mélange de poulet sur chaque feuille de laitue, puis garnir de fromage et servir.

5. Pour la préparation des repas, placez le mélange de poulet dans un contenant hermétique et au réfrigérateur jusqu'à deux jours.

6. Au moment de manger, réchauffer le mélange de poulet au micro-ondes jusqu'à ce qu'il soit chaud, puis l'ajouter sur des feuilles de laitue et servir.

Informations nutritionnelles : Calories 71, matières grasses totales 6,7 g, glucides totaux 4,2 g, protéines 4,8 g, sucre 30,5 g, sodium 142 mg

Portions de bol de banane crémeuse à la cannelle : 1

Temps de cuisson : 3 minutes

Ingrédients:

1 grosse banane, mûre

¼ cuillère à café de cannelle, moulue

Une pincée de sel de mer celtique

2 cuillères à soupe de beurre de noix de coco, fondu

Garnitures au choix : fruits, graines ou noix <u>Les directions:</u>

1. Écrasez la banane dans un bol à mélanger. Ajouter la cannelle et le sel de mer celtique. Mettre de côté.

2. Faites chauffer le beurre de coco dans une casserole placée sur feu doux. Versez le beurre chaud sur le mélange de bananes.

3. Pour servir, garnir de votre fruit, graine ou noix préféré.

<u>Informations nutritionnelles :</u> Calories 564 Lipides : 18,8 g Protéines : 28,2 g Sodium : 230 mg Glucides totaux : 58,2 g Fibres alimentaires : 15,9 g

Bonnes céréales aux canneberges et à la cannelle Portions : 2

Temps de cuisson : 35 minutes

Ingrédients:

1 tasse de céréales (choix d'amarante, de sarrasin ou de quinoa) 2 ½ tasses d'eau de coco ou de lait d'amande

1 bâton de cannelle

2 clous de girofle entiers

1 gousse d'anis étoilé (facultatif)

Fruits frais : pommes, mûres, canneberges, poires ou kakis

Sirop d'érable (facultatif)

Les directions:

1. Porter les grains, l'eau de coco et les épices à ébullition dans une casserole. Couvrir, puis baisser le feu à moyen-doux. Laisser mijoter dans les 25 minutes.

2. Pour servir, jeter les épices et garnir de tranches de fruits. Si désiré, arroser de sirop d'érable.

<u>Informations nutritionnelles :</u> Calories 628 Lipides : 20,9 g Protéines : 31,4 g Sodium : 96 mg Glucides totaux : 112,3 g Fibres alimentaires : 33,8 g

Portions d'omelette du petit déjeuner : 2

Temps de cuisson : 10 minutes

Ingrédients:

2 œufs battus

1 tige d'oignon vert, haché

½ tasse de champignons, tranchés

1 poivron rouge, coupé en dés

1 cuillère à café d'assaisonnement aux herbes

Les directions:

1. Battre les œufs dans un bol. Incorporer le reste des ingrédients.

2. Versez le mélange d'œufs dans un petit plat allant au four. Ajoutez la casserole au panier de la friteuse à air.

3. Cuire dans le panier de la friteuse à air à 350 degrés F pendant 10 minutes.

<u>Informations nutritionnelles :</u> Calories 210 Glucides : 5g Lipides : 14g Protéines : 15g

Portions de pain sandwich au blé entier : 12

Temps de cuisson : 3 heures, 20 minutes

Ingrédients:

Farine de blé entier blanche – 3,5 tasses

Huile d'olive extra vierge – 0,25 tasse

Pâte de dattes – 0,25 tasse

Lait au choix, chaud – 1,125 tasse

Sel de mer - 1,25 cuillère à café

Levure sèche active – 2,5 cuillères à café

Les directions:

1. Préparez un moule à pain de neuf pouces sur cinq en le recouvrant de papier sulfurisé, puis en le graissant légèrement.

2. Dans un grand plat à mélanger de cuisine, mélangez tous vos ingrédients à l'aide d'une spatule. Une fois combiné, laissez reposer le contenu pendant trente minutes.

3. Commencez à pétrir votre pâte jusqu'à ce qu'elle soit douce, extensible et souple—

environ sept minutes. Vous pouvez pétrir à la main, mais l'utilisation d'un batteur sur socle et d'un crochet pétrisseur est la méthode la plus simple.

4. Avec la pâte pétrie dans son plat de mélange précédemment utilisé, couvrez le plat de mélange avec du plastique de cuisine ou un torchon propre et humide dans un endroit chaud pour qu'il augmente jusqu'à ce qu'il double de volume, environ une heure ou deux.

5. Dégazez doucement votre pâte et façonnez-la en une belle bûche avant de la placer dans votre moule à pain préparé. Couvrez la casserole avec le plastique ou la serviette précédemment utilisé et laissez-la lever dans l'espace chaud jusqu'à ce qu'elle ait doublé de taille, encore une heure ou deux.

6. Lorsque le pain a presque fini de lever, chauffez votre four à 350 degrés Fahrenheit.

7. Retirez le revêtement de votre pain levé et placez le pain au milieu de votre four chaud. Déposez délicatement du papier aluminium sur le pain sans le dégonfler, pour éviter qu'il ne brunisse trop vite. Laissez le pain cuire de cette manière pendant trente-cinq à quarante minutes avant de retirer le papier d'aluminium et de continuer à cuire le pain pendant vingt minutes. Le pain est prêt lorsqu'il est d'une magnifique couleur dorée et sonne creux lorsque vous frappez dessus.

8. Laissez refroidir le pain de mie complet dans le moule pendant cinq minutes avant de le retirer du métal et de le transférer sur une grille pour terminer le refroidissement. Laissez le pain refroidir complètement avant de le trancher.

Gyros au poulet effiloché

Ingrédients:

2 oignons moyens, tranchés

6 gousses d'ail, hachées

1 cuillère à café d'arôme citron-poivre

1 cuillère à café d'origan séché

1/2 cuillère à café de piment de la Jamaïque moulu

1/2 tasse d'eau

1/2 tasse de jus de citron

1/4 tasse de vinaigre de vin rouge

2 cuillères à soupe d'huile d'olive

2 livres de poitrines de poulet désossées et sans peau

8 pains pita entiers

Fixations discrétionnaires : sauce tzatziki, romaine déchirée et tomate coupée, concombre et oignon

Les directions:

1. Dans un 3-qt. mijoteuse, consolider les 9 fixations initiales; inclure le poulet. Cuire, sécurisé, à basse température pendant 3-4 heures ou jusqu'à ce que le poulet soit délicat (un thermomètre devrait parcourir au moins 165°).

2. Expulser le poulet de la mijoteuse modérée. Râper avec 2 fourchettes ; revenir à la mijoteuse. À l'aide de pinces, placez le mélange de poulet sur les pains pita. Présenter avec des garnitures.

Portions de soupe aux patates douces : 6

Temps de cuisson : 15 minutes

Ingrédients:

2 cuillères à soupe d'huile d'olive

1 oignon moyen, haché

1 boîte de piments verts

1 cuillère à café de cumin moulu

1 cuillère à café de gingembre moulu

1 cuillère à café de sel de mer

4 tasses de patates douces, pelées et hachées 4 tasses de bouillon de légumes biologique à faible teneur en sodium 2 cuillères à soupe de coriandre fraîche, hachée

6 cuillères à soupe de yaourt grec

Les directions:

1. Faites chauffer l'huile d'olive à feu moyen dans une grande marmite. Ajouter l'oignon et faire revenir jusqu'à ce qu'il soit tendre. Ajouter les piments verts et les assaisonnements et cuire pendant 2 minutes.

2. Incorporer les patates douces et le bouillon de légumes et porter à ébullition.

3. Laisser mijoter dans les 15 minutes.

4. Incorporer la coriandre hachée.

5. Mélanger la moitié de la soupe jusqu'à consistance lisse. Remettez-le dans la casserole avec le reste de soupe.

6. Assaisonner avec du sel de mer supplémentaire si désiré et garnir d'une cuillerée de yogourt grec.

Informations nutritionnelles : Glucides totaux 33g Fibres alimentaires : 5g Protéines : 6g Lipides totaux : 5g Calories : 192

Bols de burrito au quinoa :

1 formule Coriandre Lime Quinoa

Pour les haricots noirs :

1 boîte de haricots noirs

1 cuillère à café de cumin moulu

1 cuillère à café d'origan séché

sel, au goût

Pour le pico de gallo de tomates cerises :

1 16 onces de tomates cerises ou raisins sèches, coupées en quartiers 1/2 tasse d'oignon rouge coupé en dés

1 cuillère à soupe de piment jalapeño émincé, (côtes et graines expulsées, à tout moment)

1/2 tasse de coriandre croustillante fendue

2 cuillères à soupe de jus de citron vert

sel, au goût

Pour les fixations :

jalapenos séchés coupés

1 avocat, coupé en dés

Les directions:

1. Préparez le quinoa à la coriandre et au citron vert et gardez-le au chaud.

2. Dans un petit récipient à sauce, réunir les haricots noirs et leur jus avec le cumin et l'origan à feu moyen. Mélanger périodiquement jusqu'à ce que les haricots soient chauds. Goûtez et ajoutez du sel, quand vous le souhaitez.

3. Consolidez les éléments pour la tomate cerise pico de gallo dans un bol et jetez bien.

4. Pour préparer les bols à burrito, répartissez le quinoa à la coriandre et au citron vert entre quatre plats. Inclure un quart des haricots noirs à chacun. Garnir de pico de gallo de tomates cerises, de jalapenos marinés coupés et d'avocat.

Apprécier!

5. Remarque :

6. L'intégralité des composants de ces plats peuvent être préparés tôt et amassés lorsqu'ils sont prêts à manger. Vous pouvez soit réchauffer le quinoa et les haricots, soit les apprécier à température ambiante. J'aime provoquer les segments tout au long de la semaine afin de pouvoir apprécier les bols de quinoa burrito pour le déjeuner pendant la semaine.

Broccolini aux amandes Portions : 6

Temps de cuisson : 5 minutes

Ingrédients:

1 piment rouge frais, épépiné et haché finement 2 bouquets de broccolini, parés

1 cuillère à soupe d'huile d'olive extra vierge

2 gousses d'ail, tranchées finement

1/4 tasse d'amandes naturelles, hachées grossièrement

2 cuillères à café de zeste de citron finement râpé

4 anchois à l'huile, hachés

Un filet de jus de citron frais

Les directions:

1. Préchauffer un peu d'huile dans une poêle. Ajouter 2 cuillères à café de zeste de citron, les anchois égouttés, le piment finement haché et des gants tranchés finement.

Cuire environ 30 secondes en remuant constamment.

2. Ajouter 1/4 tasse d'amandes hachées grossièrement et cuire pendant une minute.

Éteignez le feu et ajoutez du jus de citron sur le dessus.

3. Placez le panier vapeur sur une casserole avec de l'eau frémissante. Ajouter le broccolini dans un panier et le couvrir.

4. Cuire jusqu'à ce qu'ils soient tendres et croquants, pendant environ 3-4 minutes. Égoutter puis transférer dans le plat de service.

5. Garnir du mélange d'amandes et déguster !

Informations nutritionnelles : 414 calories 6,6 g de lipides 1,6 g de glucides totaux 5,4 g de protéines

Plat de quinoa :

1/2 tasse de quinoa, sec

2 cuillères à soupe d'huile d'avocat ou de noix de coco

2 gousses d'ail, écrasées

1/2 tasse de maïs, en conserve ou solidifié

3 gros poivrons, émincés

1/2 piment jalapeño moyen, épépiné et émincé 1 cuillère à soupe de cumin

Contenant de 15 oz de haricots noirs, rincés et épuisés 1 tasse de coriandre, finement hachée et répartie 1/2 tasse d'oignons verts, finement hachés et répartis 2 tasses de cheddar Tex Mex, détruit et séparé 3/4 tasse de lait de coco en conserve

1/4 cuillère à café de sel

Les directions:

1. Cuire le quinoa selon les instructions du paquet et le mettre dans un endroit sûr. Préchauffer le gril à 350 degrés F.

2. Préchauffer une énorme poêle antiadhésive en argile à feu moyen et faire tourner l'huile pour couvrir. Inclure l'ail et cuire pendant 30 secondes, en mélangeant habituellement. Inclure le maïs, les piments carillon, les

jalapenos et le cumin. Mélanger et faire sauter sans être dérangé pendant 3 minutes, mélanger à nouveau et faire sauter pendant 3 minutes supplémentaires.

3. Passez dans un grand bol à mélanger avec du quinoa cuit, des haricots noirs, 3/4 tasse de coriandre, 1/4 tasse d'oignons verts, 1/2 tasse de cheddar, du lait de coco et du sel. Bien mélanger, passer au plat de préparation 8 x 11, saupoudrer de rester 1/2 tasse de cheddar et chauffer pendant 30 minutes révélé.

4. Sortez du gril, saupoudrez de 1/4 tasse de coriandre et 1/4 tasse d'oignons verts. Servir tiède

Portions de salade aux œufs Clean Eating : 2

Temps de cuisson : 0 minutes

Ingrédients:

6 œufs de pâturage bio, durs

1 avocat

¼ tasse de yaourt grec

2 cuillères à soupe de mayonnaise à l'huile d'olive

1 cuillère à café d'aneth frais

Sel de mer au goût

Laitue pour servir

Les directions:

1. Écrasez les œufs durs et l'avocat ensemble.

2. Ajoutez le yaourt grec, la mayonnaise à l'huile d'olive et l'aneth frais.

3. Assaisonner avec du sel marin. Servir sur un lit de laitue.

Informations nutritionnelles : Glucides totaux 18g Fibres alimentaires : 10g Protéines : 23g Lipides totaux : 38g Calories : 486

Portions de chili aux haricots blancs : 4

Temps de cuisson : 20 minutes

Ingrédients:

¼ tasse d'huile d'olive extra vierge

2 petits oignons, coupés en dés de ¼ de pouce

2 branches de céleri, tranchées finement

2 petites carottes, pelées et tranchées finement

2 gousses d'ail, hachées

2 cuillères à café de cumin moulu

1½ cuillères à café d'origan séché

1 cuillère à café de sel

¼ cuillère à café de poivre noir fraîchement moulu

3 tasses de bouillon de légumes

1 boîte (15½ onces) de haricots blancs, égouttés et rincés ¼ de persil plat frais finement haché

2 cuillères à café de zeste de citron râpé ou émincé

Les directions:

1. Faites chauffer l'huile à feu vif dans un faitout.

2. Ajouter les oignons, le céleri, les carottes et l'ail et faire sauter jusqu'à ce qu'ils ramollissent, 5 à 8 minutes.

3. Ajouter le cumin, l'origan, le sel et le poivre et faire sauter pour griller les épices, environ 1 minute.

4. Mettez le bouillon et faites bouillir.

5. Laisser mijoter, ajouter les haricots et cuire, partiellement couvert et en remuant de temps en temps, pendant 5 minutes pour développer les saveurs.

6. Mélanger le persil et le zeste de citron et servir.

<u>Informations nutritionnelles :</u> Calories 300 Total Lipides : 15g Total Glucides : 32g Sucre : 4g Fibres : 12g Protéines : 12g Sodium : 1183mg

Portions de thon au citron : 4

Temps de cuisson : 18 minutes

Ingrédients:

4 steaks de thon

1 cuillère à soupe d'huile d'olive

½ cuillère à café de paprika fumé

¼ cuillère à café de grains de poivre noir, concassés

Jus de 1 citron

4 oignons verts, hachés

1 cuillère à soupe de ciboulette, hachée

Les directions:

1. Faire chauffer une poêle avec l'huile à feu moyen-vif, ajouter les oignons verts et faire revenir 2 minutes.

2. Ajouter les steaks de thon et les saisir 2 minutes de chaque côté.

3. Ajouter le reste des ingrédients, mélanger délicatement, introduire le moule dans le four et cuire à 360 degrés F pendant 12 minutes.

4. Répartir le tout dans les assiettes et servir pour le déjeuner.

Informations nutritionnelles : calories 324, lipides 1, fibres 2, glucides 17, protéines 22

Tilapia aux asperges et à la courge poivrée

Portions : 4

Temps de cuisson : 30 minutes

Ingrédients:

2 cuillères à soupe d'huile d'olive extra vierge

1 courge poivrée moyenne, épépinée et tranchée finement ou en quartiers d'asperges de 1 livre, parées des extrémités ligneuses et coupées en morceaux de 2 pouces

1 grosse échalote, émincée

Filets de tilapia d'une livre

½ tasse de vin blanc

1 cuillère à soupe de persil plat frais haché 1 cuillère à café de sel

¼ cuillère à café de poivre noir fraîchement moulu

Les directions:

1. Préchauffer le four à 400°F. Graisser la plaque à pâtisserie avec l'huile.

2. Disposer la courge, les asperges et l'échalote en une seule couche sur la plaque à pâtisserie. Rôtir dans les 8 à 10 minutes.

3. Mettez le tilapia et ajoutez le vin.

4. Saupoudrer de persil, de sel et de poivre.

5. Rôtir dans les 15 minutes. Retirer, puis laisser reposer 5 minutes et servir.

<u>Informations nutritionnelles :</u> Calories 246 Lipides totaux : 8g Glucides totaux : 17g Sucre : 2g Fibres : 4g Protéines : 25g Sodium : 639mg

Garniture de poulet au four avec des olives, des tomates et du basilic

Portions : 4

Temps de cuisson : 45 minutes

Ingrédients:

8 cuisses de poulet

Petites tomates italiennes

1 cuillère à soupe de poivre noir et de sel

1 cuillère à soupe d'huile d'olive

15 feuilles de basilic (grandes)

Petites olives noires

1-2 flocons de piment rouge frais

Les directions:

1. Faites mariner les morceaux de poulet avec toutes les épices et l'huile d'olive et laissez-le pendant un certain temps.

2. Assembler les morceaux de poulet dans une poêle à rebord avec des tomates, des feuilles de basilic, des olives et des flocons de piment.

3. Cuire ce poulet dans un four déjà préchauffé (à 220C) pendant 40 minutes.

4. Cuire jusqu'à ce que le poulet soit tendre, que les tomates, le basilic et les olives soient cuits.

5. Garnissez-le de persil frais et de zeste de citron.

<u>Informations nutritionnelles :</u> Calories 304 Glucides : 18g Lipides : 7g Protéines : 41g

Portions de ratatouille : 8

Temps de cuisson : 25 minutes

Ingrédients:

1 courgette, moyenne et coupée en dés

3 cuillères à soupe. Huile d'olive vierge extra

2 poivrons, coupés en dés

1 courge jaune, moyenne et coupée en dés

1 oignon, gros & coupé en dés

28 onces Tomates entières, pelées

1 Aubergine, moyenne et coupée en dés avec la peau sur Sel & Poivre, au besoin

4 brins de thym frais

5 gousses d'ail, hachées

Les directions:

1. Pour commencer, faites chauffer une grande sauteuse à feu moyen-élevé.

2. Une fois chaud, ajoutez-y l'huile, l'oignon et l'ail.

3. Faire revenir le mélange d'oignons pendant 3 à 5 minutes ou jusqu'à ce qu'il ramollisse.

4. Ensuite, ajoutez l'aubergine, le poivre, le thym et le sel dans la poêle. Bien mélanger.

5. Maintenant, faites cuire encore 5 minutes ou jusqu'à ce que l'aubergine ramollisse.

6. Ensuite, ajoutez les courgettes, les poivrons et la courge dans la poêle et poursuivez la cuisson pendant 5 minutes supplémentaires. Ensuite, incorporez les tomates et mélangez bien.

7. Une fois que tout est ajouté, remuez bien jusqu'à ce que tout s'assemble. Laisser mijoter 15 minutes.

8. Enfin, vérifiez l'assaisonnement et ajoutez plus de sel et de poivre si nécessaire.

9. Garnir de persil et de poivre noir moulu.

<u>Informations nutritionnelles :</u> Calories : 103KcalProtéines : 2gGlucides : 12gMatières grasses : 5g

Portions de soupe aux boulettes de poulet : 4

Temps de cuisson : 30 minutes

Ingrédients:

2 livres de poitrine de poulet, sans peau, désossée et émincée 2 cuillères à soupe de coriandre, hachée

2 œufs, battus

1 gousse d'ail, émincée

¼ tasse d'oignons verts, hachés

1 oignon jaune, haché

1 carotte, tranchée

1 cuillère à soupe d'huile d'olive

5 tasses de bouillon de poulet

1 cuillère à soupe de persil, haché

Une pincée de sel et de poivre noir

Les directions:

1. Dans un bol, mélanger la viande avec les œufs et les autres ingrédients sauf l'huile, l'oignon jaune, le bouillon et le persil, mélanger et façonner des boulettes de viande moyennes avec ce mélange.

2. Faites chauffer une casserole avec l'huile à feu moyen, ajoutez l'oignon jaune et les boulettes et faites revenir 5 minutes.

3. Ajouter le reste des ingrédients, mélanger, porter à ébullition et cuire à feu moyen pendant 25 minutes de plus.

4. Versez la soupe dans des bols et servez.

<u>Informations nutritionnelles :</u> calories 200, lipides 2, fibres 2, glucides 14, protéines 12

Salade De Chou Orange Avec Vinaigrette Aux Agrumes

Portions : 8

Temps de cuisson : 0 minutes

Ingrédients:

1 cuillère à café de zeste d'orange, râpé

2 cuillères à soupe de bouillon de légumes à teneur réduite en sodium 1 cuillère à café chacune de vinaigre de cidre

4 tasses de chou rouge, râpé

1 cuillère à café de jus de citron

1 bulbe de fenouil, tranché finement

1 cuillère à café de vinaigre balsamique

1 cuillère à café de vinaigre de framboise

2 cuillères à soupe de jus d'orange frais

2 oranges, pelées, coupées en morceaux

1 cuillère à soupe de miel

1/4 cuillère à café de sel

Poivre fraîchement moulu

4 cuillères à café d'huile d'olive

Les directions:

1. Mettez le jus de citron, le zeste d'orange, le vinaigre de cidre, le sel et le poivre, le bouillon, l'huile, le miel, le jus d'orange, le vinaigre balsamique et la framboise dans un bol et fouettez.

2. Extraire les oranges, le fenouil et le chou. Mélanger pour enrober.

Informations nutritionnelles : Calories 70 Glucides : 14g Lipides : 0g Protéines : 1g

Portions de tempeh et légumes-racines : 4

Temps de cuisson : 30 minutes

Ingrédients:

1 cuillère à soupe d'huile d'olive extra vierge

1 grosse patate douce, en dés

2 carottes, tranchées finement

1 bulbe de fenouil, paré et coupé en dés de de pouce 2 cuillères à café de gingembre frais émincé

1 gousse d'ail, émincée

12 onces de tempeh, coupé en dés de ½ pouce

½ tasse de bouillon de légumes

1 cuillère à soupe de tamari ou de sauce soja sans gluten 2 oignons verts, tranchés finement

Les directions:

1. Préchauffer le four à 400°F. Graisser une plaque à pâtisserie avec l'huile.

2. Disposer la patate douce, les carottes, le fenouil, le gingembre et l'ail en une seule couche sur la plaque à pâtisserie.

3. Cuire au four jusqu'à ce que les légumes aient ramolli, environ 15 minutes.

4. Ajouter le tempeh, le bouillon et le tamari.

5. Cuire à nouveau jusqu'à ce que le tempeh soit bien chaud et légèrement doré 10 à 15 minutes.

6. Ajouter les oignons verts, bien mélanger et servir.

<u>Informations nutritionnelles :</u> Calories 276 Total Lipides : 13g Total Glucides : 26g Sucre : 5g Fibres : 4g Protéines : 19g Sodium : 397mg

www.ingramcontent.com/pod-product-compliance
Lightning Source LLC
Chambersburg PA
CBHW071821080526
44589CB00012B/879